Das Geheimnis der Liebe

W0001324

Pietro Archiati

DAS GEHEIMNIS DER LIEBE

Die Logik des Herzens ist anders

Vierte Auflage 2006
© Archiati Verlag e. K., Bad Liebenzell

Lektorat: Gabriele Savier-Dietz, Ulsnis
Redaktionelle Mitarbeit: Heino Großmann, Delmenhorst;
Eva Koglin, Ganderkesee; Brigitte Kolbe, Berlin
Umschlag: Archiati Verlag, Bad Liebenzell
Druck: Memminger MedienCentrum, Memmingen

ISBN-10: 3-937078-20-7
ISBN-13: 978-3-937078-20-5

Archiati Verlag e. K.
Am Berg 6/1 · D-75378 Bad Liebenzell
Telefon: (07052) 935284 · Telefax: (07052) 934809
info@archiati-verlag.de · www.archiati-verlag.de

Inhalt

Vorwort *S. 7*

I. Liebe und Hass: Salz und Pfeffer des Lebens *S. 9*

- Mit Sympathie und Antipathie fängt alles an *S. 9*
- Kann Hass der Liebe etwas anhaben? *S. 11*
- Nur ein bisschen Liebe gibt es nicht *S. 16*
- Drei Äußerungen menschlicher Liebe *S. 23*
- Das Schönste im Leben ist die Liebe *S. 27*
- Die erste Liebe und der Hass *S. 33*
- Entwicklungsstufen des «Hasses» *S. 36*
- Liebe ist mehr als ein Gefühl *S. 41*

II. Liebe und Geschlecht: die Quadratur des Kreises *S. 45*

- Vergangenheit und Zukunft des Männlichen und Weiblichen *S. 45*
- Mann und Frau: verwandt und fremd *S. 48*
- Was den Menschen frei macht, ist gut *S. 51*
- Sexualität auf dem Weg in die Freiheit *S. 53*
- Körperlich und geistig gleichzeitig «genießen»? *S. 58*
- Vom Leid des Amfortas zum Mitleid Parzivals *S. 66*
- Der Weg nach unten und der Weg nach oben *S. 73*
- Weibliche Fantasie und männlicher Tatendrang *S. 77*

III. Liebe und Tod: Wer wird wen besiegen? *S. 81*

- Liebe, Tod und Sexualität *S. 81*
- Der Tod als Geschenk der Liebe *S. 85*
- Sag nicht zu schnell: «Ich liebe dich ...» *S. 89*
- «Ich liebe dich, weil ich auch ohne dich leben kann» *S. 93*
- Die Liebe, die den Tod nicht kennt *S. 96*

- Gedanken, Worte und Taten der Liebe *S. 102*
- Staunen, Mitleid und Gewissen: die dreimal unsterbliche Liebe *S. 104*
- Der Tod ist ein Übergang, die Liebe ein Neuanfang *S. 109*
- Kann ich einen geliebten Menschen je verlieren? *S. 112*

IV. Liebe und Vernunft: Die Logik des Herzens ist anders *S. 119*

- Denkgesetze des Verstandes und Beweggründe des Herzens *S. 119*
- Vom Herz ohne Kopf zum Kopf mit Herz *S. 124*
- Die Gerechtigkeit rechnet, die Liebe ist verschwenderisch *S. 136*
- Gerechtigkeit kann ohne Liebe, Liebe nicht ohne Gerechtigkeit sein *S. 143*
- Die Vergangenheit erkennen – die Zukunft lieben *S. 149*
- Islamische Wissenschaft in der westlichen Kultur *S. 155*
- Wo bleibt die christliche Liebe? *S. 158*

V. Liebe und Leben: Die Kunst des Sozialen im Zeitalter der Freiheit *S. 163*

- Realismus und Idealismus: die geschaffene und die zu schaffende Welt *S. 163*
- Die Liebe zu Idealen schafft die Wirklichkeit *S. 169*
- Liebe zum Denken als Liebe zum Menschen *S. 174*
- Liebe zum Sprechen und Liebe zum Gehen *S. 181*
- Liebe zu einem Menschen, Liebe zu allen Menschen *S. 185*
- Liebe als Ausgleich von Freiheit und Brüderlichkeit *S. 188*
- Die Liebe als idealer Realismus *S. 192*
- Die Liebe als realer Idealismus *S. 198*

Vorwort

Es ist heute nicht leicht, genügend Unverfrorenheit aufzubringen, um noch ein Buch über die Liebe zu schreiben. Das Wort «Liebe» ist inzwischen schon so abgegriffen, dass es eigentlich alles und nichts bedeuten kann. Genau darin aber lag für mich die Herausforderung, dieses Buch doch zu schreiben, denn ich bin trotz allem davon überzeugt, dass es immer noch sehr viele Menschen gibt, die mehr über die Liebe erfahren möchten, weil sie ihnen das Wichtigste im Leben ist. Aber wenn es auch viele Menschen sind, die so fühlen, so sind es doch immer noch nicht genug, und ich würde mich glücklich schätzen, wenn diese Zeilen dazu beitragen könnten, dass es auch nur ein Einziger mehr würde.

Ich möchte es nicht versäumen, diejenigen unter meinen Lesern, die zum ersten Mal ein Buch von mir in der Hand halten, darauf hinzuweisen, dass ich in Bezug auf alles, was ich zu sagen und zu schreiben habe, ganz besonders einem Menschen zu tiefstem Dank verpflichtet bin: Rudolf Steiner. Ohne ihn wären auch viele der Gedanken, die ich hier über die Liebe zum Ausdruck bringe, nicht zu Papier gekommen. Nicht zuletzt muss ich gestehen, dass sich meine Meinung zu dem heiß umstrittenen Thema der Sexualität nicht wenig geändert hat, seit ich es in einem breiteren Entwicklungszusammenhang zu sehen versuche. Weil dieses Thema sehr umstritten ist, war die Entscheidung, darauf einzugehen, zugleich die Entscheidung, heftigen Widerspruch bei vielen Lesern hervorzurufen. Ich hätte dieses Thema vielleicht vermieden, wenn ich nicht gerade die dargestellten Inhalte als lebenswichtig für die heutige Menschheit erachten würde.

Die Gedanken dieses Buches über die Liebe verdanken ihren ersten Ursprung meiner Mutter, für deren liebendes Herz sie so selbstverständlich zu sein schienen wie die Sonne, die Erde und ihre zehn Bauernkinder. Im inneren Gespräch mit ihr habe ich diese Seiten niedergeschrieben. Obwohl ich das, was ich schreibe, selbstverständlich für richtig oder wahr halte, ist mein Hauptanliegen niemals, absolute Wahrheiten zu verkünden, zumal es solche gar nicht gibt. Mir kommt es vor allen Dingen darauf an, den Leser dazu anzuregen, die Dinge nicht einfach hinzunehmen, sondern mit dem eigenen Denken zu prüfen. Zu welchen Schlüssen er dann mit seinen eigenen Gedanken gelangt, geht nur ihn selbst etwas an. Mir ist lediglich daran gelegen dazu beizutragen, dass er die Kunst des Denkens immer fantasievoller ausübt, weil ich überzeugt davon bin, dass jeder so am besten auf seiner Wahrheitssuche vorankommt. Ich wünsche mir also weniger Leser, die derselben oder anderer Meinung sind als ich, als vielmehr solche, die meinen Gedanken tausend eigene und neue hinzufügen werden.

Mögen diese Seiten all jenen von Nutzen sein, die schon immer gewusst haben, dass es die Liebe ist, die der Welt von heute am meisten Not tut, dass es die Liebe ist, die die Menschen heute am dringendsten brauchen, weil die tiefste, wenn auch oftmals uneingestandene Sehnsucht der Menschen unserer Zeit die Sehnsucht nach wahrer Liebe ist.

Pietro Archiati, im Herbst 2003

I.
LIEBE UND HASS
SALZ UND PFEFFER DES LEBENS

Mit Sympathie und Antipathie fängt alles an

Es gibt zwei Gefühle, die den Menschen das ganze Leben hindurch begleiten. Wohin er geht, auf wen er trifft und was immer Neues oder Überraschendes geschieht, immer treten dabei Sympathie und Antipathie auf. Sie machen vor nichts Halt. Keine Arbeit, keine Beziehung, kein Vorhaben ist frei davon. Und sie bleiben nicht ohne Einfluss, sie verändern, treiben, können vieles durcheinander bringen. Sympathie und Antipathie sind wie das Salz und der Pfeffer des Lebens. Sie sind zwei Gegensätze, zwischen denen sich der Weg des Menschen durchs Leben schlängelt. Zuneigungen und Abneigungen bestimmen den Lauf seiner Entwicklung. Der kühle, berechnende Verstand weiß oft nicht recht mit ihnen umzugehen und hätte es wohl lieber, sie würden nicht überall mitmischen.

Es ist zweifellos der Mühe wert, sich eingehender mit diesen Kräften zu beschäftigen, sich um ein tieferes Verständnis dieser beiden grundlegenden Gefühle zu bemühen, die das Verhalten der Menschen in allen Begegnungen und gegenüber allen Ereignissen des Lebens bestimmen.

Man wird der Natur dieser beiden Kräfte nicht gerecht, wenn man sie von vornherein einfach als gut oder schlecht betrachtet. Gut oder schlecht kann nie die Tatsache sein, dass jemand Sympathie oder Antipathie erlebt. Der Mensch ist nicht für das Entstehen dieser Gefühle verantwortlich, wohl aber für seinen Umgang mit ihnen, für die Art und Weise, wie er seine Gefühle nach außen ausdrückt, wie er aufgrund seiner Gefühle handelt. Es liegt in seiner Natur, dass ihn unaufhörlich alle möglichen seelischen Regungen durchziehen, jeden Menschen auf seine Weise, denn kein Mensch kann genau die gleiche Mischung aus Zu- und Abneigungen haben wie irgendein anderer.

Man kann zwei extreme Beispiele betrachten: das Verliebtsein und den starken Widerwillen gegen einen Menschen. Das Gefühl des Verliebtseins ist so ziemlich das Unwiderstehlichste, was ein Mensch erleben kann. Er wird von diesem Gefühl gänzlich ergriffen, es übermannt ihn, es reißt ihn buchstäblich mit sich fort, ohne dass er etwas dagegen tun kann. Nicht weniger wehrlos ist man gegen ein heftiges Gefühl der Abneigung. Wenn man jemanden verabscheut, stößt er einen einfach ab, ob man will oder nicht, und man kann fast nicht anders, als ihm möglichst aus dem Weg zu gehen.

Alle Erlebnisse der Sympathie oder Antipathie stammen aus zwei Quellen, aus zwei inneren Kräften, die *Liebe* und *Hass* genannt werden können. Nur muss man sich hier gleich darüber verständigen, wie diese zwei Worte gemeint sind. Das Wort «Hass» wird hier wie in Gänsefüßchen verwendet, um all das zu bezeichnen, was der Mensch ganz spontan zurückweist oder zurückweisen muss, was er zu Recht ablehnt, was er von sich selbst und allen Menschen, die er liebt, fernhalten möchte, weil er fürchtet, es könnte ihnen schaden.

Etwas Ähnliches gilt für das Wort «Liebe». Alle einzelnen Erlebnisse der Sympathie sind Äußerungen der Liebeskraft im Menschen. Auch das Wort Liebe darf nicht eng gefasst werden, weil die Liebe sich von keiner anderen inneren Kraft abgrenzen kann. Sie umfasst alles, was ein Mensch innerlich erlebt oder durchmacht. Gerade dies macht die Auseinandersetzung über die Liebe schwierig, vor allem für den wissenschaftlich geschulten Menschen, der daran gewöhnt ist, den Gegenstand seiner Untersuchung in fest umrissenen Grenzen ins Auge zu fassen. Dies in Bezug auf die Liebe zu tun, hieße aber, das tiefere Wesen der Liebe von vornherein auszuklammern.

Kann Hass der Liebe etwas anhaben?

Nicht wenige denken, dass Hass das Gegenteil von Liebe sei. Stimmt das aber wirklich? Stehen Liebe und Hass zueinander wie zwei sich jeweils ausschließende Gegensätze? Verhalten sie sich etwa so wie Mut und Feigheit, Heiterkeit und Traurigkeit, Licht und Finsternis, von denen jeweils das eine das andere zurückdrängt? Wenn das so wäre, müsste man umso mehr lieben, je weniger man hasst, und umso mehr hassen, je weniger man liebt. So ist es aber nicht, wie man bei genauerem Hinsehen unschwer feststellen kann.

Die Welt ist voll von Menschen, die behaupten, sie würden den einen über alles lieben und den anderen aus tiefstem Herzensgrunde hassen. Die Zuneigung, die man je-

11

mandem entgegenbringt, verringert nicht zwangsläufig die Abneigung, die man einem anderen gegenüber empfindet. Ganz anders ist es mit den Stimmungen: Heiterkeit scheint die ganze Welt wie in helles Licht zu tauchen; wenn man traurig ist, wirkt alles grau in grau. Fröhlichkeit verjagt Traurigkeit und umgekehrt. Aber Liebe verhindert nicht den Hass, und Hass kann auch die Liebe niemals verbannen.

Was kann man daraus schließen? Wenn es wahr ist, dass Gegensätze einander ausschließen, und nicht weniger wahr, dass Liebe und Hass sich nicht gegenseitig ausschließen können, so heißt das doch auch, dass Hass gar nicht das Gegenteil von Liebe ist, sie also auch nicht auslöschen kann. Und wenn nicht einmal der Hass die Liebe auslöscht, was kann dann der Liebe entgegenwirken?

Der Grund, warum die Liebe keinen Gegensatz kennt, liegt darin, dass sie selbst die Kraft ist, mit der jeder Mensch unaufhörlich die rechte Mitte zwischen allen Gegensätzen, allen Einseitigkeiten des Lebens anstrebt. Wenn ein Mensch Ärger oder sogar Wut erlebt, bewirkt die Liebe seine vielleicht unbewusste Sehnsucht nach mehr Gelassenheit, weil er empfindet, dass die Wut ihn nicht weiterbringt. Wenn jemand zu träge oder gar zu faul wird, sehnt er sich – wie unbewusst auch immer – nach Anregungen, die ihn wieder in Bewegung bringen, ihm über seine Trägheit hinweghelfen. Die Liebe ist die Kraft, die jede Einseitigkeit, jeden Mangel unerträglich macht. In seiner Einseitigkeit vermisst der Mensch dann schmerzhaft die andere Seite und diese Entbehrung bewirkt früher oder später seine Suche nach dem, was ihm fehlt – und was heißt etwas suchen anderes, als es *lieben*? So ist die Liebe die unauslöschliche Sehnsucht nach stetiger Entwicklung, das Streben nach Erfüllung, der unstillbare Durst nach Vollkommenheit.

Mann und Frau sind in vielerlei Hinsicht Gegensätze. Wenn jemand zu einseitig männlich wird, lässt ihn die Liebe nach dem Weiblichen verlangen. Sich nach etwas sehnen, nach etwas verlangen, genau das ist Liebe. Wonach sich der Mensch sehnt, das gehört einerseits bereits zu ihm, weil er es denkt und sucht, und andererseits doch noch nicht, weil er es noch werden muss. Gerade dieses Sein *und* Nichtsein, dieses unaufhaltsame Streben, dieses nie endende Werden, das ist die Erfahrung der Liebe.

Man nehme einmal an, jemand habe sich in den Kopf gesetzt, alle Probleme des Lebens könnten nur mit Güte und Nachgiebigkeit gelöst werden. Früher oder später wird er die Erfahrung machen müssen, dass er bei seinem einseitigen Verhalten immer einen Schritt hinter den anderen Menschen zurückbleibt, dass seine eingleisige Gutmütigkeit nicht nur ihm selbst, sondern auch anderen schaden kann. Es wird nicht lange dauern, bis der Wunsch in ihm aufkommt, sich doch ein wenig energischer zu behaupten, «seinen Mann zu stehen», um nicht für immer ins Hintertreffen zu geraten. Wenn jemand hingegen einseitig ist in dem Sinne, dass er allzu dreist aufzutreten pflegt, sich überall nur durchsetzen will, wird es den anderen irgendwann zu viel. Sie werden anfangen, sich gegen ihn zu wehren, und ihre Freude daran haben, ihm ab und zu «eins auf den Deckel zu geben». So wird auch er mit der Zeit überlegen,

13

ob er nicht doch versuchen sollte, sich ein wenig in die andere Richtung hin zu entwickeln, und er wird dann etwas freundlicher auf seine Mitmenschen zugehen können. Die Sehnsucht beider nach der rechten Mitte, ihre Suche nach dem Gleichgewicht zwischen Dreistigkeit und Schüchternheit, ist nichts anderes als Liebe.

Liebe macht den Menschen innerlich beweglich, weil Menschsein heißt, sich immer auf der Suche nach dem richtigen Gleichgewicht zwischen allen Gegensätzen des Lebens zu befinden. Liebe ist das Streben nach dem Einklang aller inneren Kräfte, und sie bringt den Menschen dazu, immer sein Bestes zu geben.

Jemand könnte hier einwenden: Wenn es wirklich keinen Gegensatz, keine Gegenkraft zur Liebe gibt, sollte doch kein Mensch umhin können, ununterbrochen zu lieben. Man sollte gar nicht anders können, als alle und alles zu lieben, und die Welt müsste in Ordnung sein. Nun, so ist es natürlich nicht, denn dass in der Welt nicht gerade ein Überfluss an Liebe herrscht, dass es um unsere Welt nicht bestens bestellt ist, kann jeder deutlich sehen.

Wenn es dabei bleibt, dass die Liebe, die es gibt, von keiner Gegenkraft verdrängt oder vermindert werden kann, dann kann ihr Mangel in der Welt nicht daher kommen, dass eine vorhandene Liebe ausgelöscht worden ist, sondern nur daher, dass sie gar nicht erst entstanden ist. Jeder Mangel an Liebe ist eine nicht gegebene Liebe, ein Versäumnis zu lieben. Gegen die Liebe kann nur ihre Unterlassung etwas ausrichten, denn dann kann sie gar nicht erst entstehen. Die Liebe kennt wirklich keine Gegner, aber sie kennt den Mangel, sie kann vom Menschen immer wieder vernachlässigt werden. Von Vernachlässigung kann man aber nur dann reden, wenn eine Möglichkeit zu lieben nicht ergriffen wurde. Das geringe Maß an Liebe, das in der Menschheit heute vorhanden ist, ist zwar auch den Versäumnissen der Vergangenheit zuzuschreiben, aber die weitere Entwicklung der Liebe wird vor allem von den Gelegenheiten abhängen, die sich dem Menschen erst in der Zukunft bieten werden.

Ein Fünfundzwanzigjähriger hat sicherlich schon in vielen Fällen mögliche Taten der Liebe versäumt, aber noch viele weitere Gelegenheiten, seine Liebe auf immer mehr Menschen auszudehnen, stehen ihm erst bevor. Sein Mangel an Liebe ist zwar seinen Versäumnissen zuzuschreiben, aber er steht noch ganz am Anfang einer langen Entwicklung. In diesem Sinne befindet sich die gesamte Menschheit bewusstseinsmäßig wie in einer Phase der Pubertät. Einerseits meldet der Mensch in den letzten Jahrhunderten immer weitergehende Ansprüche auf individuelle Freiheit und Liebe an – und hat so ganz unvermeidlich schon eine Menge seiner Möglichkeiten versäumt –, andrerseits befindet sich jeder einzelne Mensch am Anfang einer langen Entwicklung, die ihm noch viele Möglichkeiten bieten wird, in der Liebe zu wachsen und vollkommener zu werden.

Die Liebe erlischt durch innere Gleichgültigkeit und es gibt ein treffendes Wort dafür: «Lieblosigkeit». Dieses Wort bezeichnet ganz eindeutig etwas Fehlendes, und was da fehlt, ist eben die Liebe. Lieblosigkeit ist der Mangel an Zu- oder Abneigung, an Anteilnahme oder Interesse. Es ist weitaus schwerer, Gleichgültigkeit zu überwinden, als Hass zu besänftigen, in welcher Form er auch auftreten mag. Solange ich hasse, bewegt sich etwas in mir, es ist Leben in mir vorhanden. Wenn ich aber Welt und Mensch gegenüber gleichgültig bin, bin ich innerlich so gut wie tot. Das große Elend einer materialistischen Lebenseinstellung ergibt sich aus der um sich greifenden Lieblosigkeit, aus einem bedrohlichen Mangel an innerer Spannung. Wenn ein Mensch etwas falsch macht, selbst wenn er aus Hass handelt, schadet er seiner Entwicklung weniger als durch Interesselosigkeit und Stumpfheit. Mit Gleichgültigkeit fertig zu werden, die richtige Therapie dagegen zu finden, ist vielleicht das Schwierigste, was es gibt.

Nur ein bisschen Liebe gibt es nicht

Ein anderes Geheimnis der Liebe besteht darin, dass sie keine Grade der Intensität kennt. Sie kann nicht schwach anfangen und allmählich stärker werden oder umgekehrt. Sie ist nicht wie die Macht, die immer stärker oder wie die Weisheit, die immer umfassender werden kann. In der Liebe ist keine Steigerung möglich: Entweder liebt man einen Menschen ganz und gar oder man liebt ihn ganz und gar nicht. Nur ein bisschen lieben geht nicht.

Der eine oder andere Leser wird vielleicht einwenden, dass das doch nicht stimme, weil es sehr wohl verschiedene Stärkegrade der Liebe gebe: «Natürlich kann die Liebe an Intensität zu- oder abnehmen», wird mancher sagen. Aber stimmt das wirklich? Bei näherem Anschauen stellt sich heraus: Was mehr werden kann, sind lediglich die Menschen oder Dinge, denen sich die Liebe zuwendet. Jeder kann seine Liebe auf immer neue Menschen, auf immer mehr Dinge ausdehnen. Aber die Erweiterung der Liebe ändert nichts an der Natur der Liebe selbst. Es ist wie mit einem Tropfen Meerwasser und dem Meer: In beiden Fällen ist es ganz genau dasselbe Wasser, nur quantitativ anders, nicht aber qualitativ.

Jeder kann anfangen, Menschen, die er bisher nicht geliebt hat, auch zu lieben. Das macht seine Liebe umfassender, aber sie wird in ihrem Wesen nicht anders. Gerade deshalb macht die Liebe so glücklich: Sie ist eine Kraft, die jedem Menschen gleichermaßen innewohnt, aber ob jemand sie auf sich beschränkt oder die Welt mit ihr beschenkt, liegt in seiner Freiheit. Zwar wirkt in jedem Menschen etwas wie eine angeborene Sehnsucht, seine Liebe immer weiter auszudehnen, aber es ist wie ein Ruf, dem er folgen kann, aber nicht folgen muss. Diese Freiheit betrifft die Gelegenheiten, in denen Liebe erwiesen werden kann, nicht aber die Intensität oder die Natur der Liebe. Für diese gilt: Nur ein *bisschen* Liebe gibt es einfach nicht. Sollte meine Liebe auch nur ein kleiner Tropfen der in der Welt vorhandenen Liebe sein: Wenn ich einem Menschen Gutes wünsche, weil ich ihn liebe, werde ich ihm nicht drei Viertel oder vier Fünftel des Guten wünschen, sondern ohne Abstriche all das, was für ihn gut ist. Dieser Wunsch ist in mir entweder ganz oder gar nicht vorhanden, niemals nur ein Teil davon.

Wenn jemand an einem Tag zehn Menschen begegnet, hat er zehnmal die Gelegenheit, sich von seiner Liebe leiten zu lassen, und wenn es ihm in allen Fällen gelingt, weiß er, dass es seine Liebe zu diesen Menschen war, die ihn in seinem Verhalten geleitet hat. Aber wenn ihm das nur dreimal gelang, so hat er es doch siebenmal unterlassen, die Liebe zum bewussten und freien Maßstab seines Handelns zu machen. Hat beispielsweise die Angst in einer Begegnung sein Verhalten bestimmt, so heißt das nicht, dass deswegen in ihm weniger Liebe vorhanden war. Die Liebe kann nicht mehr oder weniger bestimmend sein: Wenn sie vorhanden ist, dann ist sie allein bestimmend, und wenn sie nicht bestimmt, ist sie ganz abwesend.

Man denke doch einmal, wie das oftmals bei jungen Paaren ist: Eine Zeit lang hegen sie keinerlei Zweifel daran, dass sie sich lieben, aber irgendwann kommt der Tag, an dem vielleicht das Mädchen zu dem Jungen sagt: «Du liebst mich nicht mehr.» Sie wird nicht sagen: Deine Liebe ist schwächer geworden, du liebst mich ein bisschen weniger als vorher. Sie sagt: «Du liebst mich *nicht mehr.*» Warum denn? Entspricht eine solche spontane Aussage der Wirklichkeit? «Er liebt mich, er liebt mich *nicht*», heißt es schon in dem alten Spiel mit der Margerite …

Das Herz sagt, dass es tatsächlich so ist. Es fragt: Hast du mich gern oder hast du mich nicht gern? Liebst du mich oder nicht, ja oder nein? Es sagt nicht: Lass mich wissen, ob du mich zehn- oder zwanzig- oder sechzigprozentig liebst, und ich überlege, ob mir der Stärkegrad oder die Intensität deiner Liebe ausreicht. Eine solche Überlegung stellt das Herz nicht an. Es sieht die Liebe als unteilbar an, und das ist es gerade, was sie so rätselhaft macht. Es wäre vielleicht leichter, dem Geheimnis der Liebe beizukommen, wenn es in ihr irgendeine Maß- oder Gradeinteilung gäbe, sozusagen eine Bemessungsgrundlage, nach der wir uns richten, nach der wir die Liebe «messen», «berechnen» oder «abwägen» könnten.

Das oben erwähnte Beispiel zeigt, dass die Liebe, die einmal für das Mädchen vorhanden war, auch aufhören kann. Wie geht das aber zu? Wenn der Mensch seine Gelegenheiten nicht nutzt, immer mehr Menschen in seine Liebe einzubeziehen, wenn er seine Möglichkeiten, aus Liebe zu handeln, nicht wahrnimmt, dann werden es immer weniger Menschen werden, die er liebt. Die Kraft, Mensch und Welt zu lieben, ist in keinem Menschen starr, sie ist in ihrem Wesen dynamisch und auch der Kreis geliebter Menschen wird für jeden im Laufe der Zeit entweder größer oder kleiner. Man verliert das Interesse an Freunden, die einem früher einmal viel bedeuteten und die große Liebe von damals ist einem heute vielleicht gleichgültig geworden. Wenn ich einen Menschen um *meinetwillen* liebe, interessiert mich nur das, was ich selbst in meiner Beziehung zu ihm erlebe. Ich beschränke meine Liebe auf ihn. Anders ist es, wenn ich ihn um *seinetwillen* liebe: In diesem Fall kann ich nicht umhin, auch die Menschen mitzulieben, die er liebt, die er als zu sich gehörig erlebt. Auf diese Weise erweitert sich die Liebe auf immer neue Menschen. Am Anfang einer Liebe steht die Sympathie, die wie eine Gabe der Natur auftritt. Jeder ist dann frei, diese natürliche Zuneigung zu pflegen und damit auch zu erweitern. Wird sie dagegen nicht immer weiter entwickelt, dann bleibt sie eine Leidenschaft der Seele, die wie alles Seelische nicht dauerhaft ist. Das klassische Beispiel dafür ist die Verliebtheit: So wie sie entsteht, vergeht sie auch wieder.

In der Liebe zu wachsen, bedeutet also, sein Herz immer weiter für immer mehr Menschen zu öffnen und danach zu streben, schließlich alle Menschen und überhaupt die ganze Welt in seinem Herzen zu tragen. So wird der grundlegende Unterschied zwischen Verliebtheit und Liebe unmittelbar deutlich: Wer verliebt ist, beschränkt seine ganze Aufmerksamkeit auf einen einzigen Menschen, der das Ziel all seiner Sehnsüchte und Wünsche darstellt. «Für mich gibt es auf der ganzen Welt nur noch dich», sagt der Verliebte und schließt damit natürlich auch sich selbst ein – aber alle anderen aus. Die wirkliche Liebe neigt ihrer Natur nach ganz umgekehrt dazu, sich allen Menschen mit möglichst uneingeschränkter Anteilnahme zuzuwenden, sich für alle Wesen zu interessieren. Die Liebe ist die Fähigkeit – Aristoteles und Thomas von Aquin würden sagen: die «Potentialität» –, die jeder Mensch hat, sich im Laufe seiner Entwicklung allen und allem zu öffnen, sich für alle und alles zu interessieren. Diese Liebesfähigkeit ist in jedem Menschen ohne Einschränkung angelegt. Jedem ist es möglich, seine Liebe grenzenlos über seine seelischen Neigungen hinaus zu erweitern, denn Gott, oder wer auch immer den Menschen erschaffen hat, hat keinen Menschen mit unvollkommener Liebe geschaffen.

Wenn jedes Menschenherz so beschaffen ist, dass es in

der Lage ist, seine Liebe auf die ganze Schöpfung auszuweiten, so ist die Lieblosigkeit eines Menschen all die Liebe, die er noch nicht gegeben hat. Dies bedeutet aber: Die Wesen, denen ich keine Beachtung schenke, sind diejenigen, auf die ich meine Liebe noch nicht ausgedehnt habe, weil ich meine eigenen an sich grenzenlosen Möglichkeiten noch nicht genügend entwickelt habe. Ich hätte mich vielleicht in der Vergangenheit diesem und jenem zuwenden können, ich hätte mich für diesen und jenen Menschen interessieren können, aber ich habe es nicht getan. Mein Mangel an Liebe entspricht der Liebe, die ich vorenthalten habe, die ich noch zu geben habe. Meine Gleichgültigkeit irgendwelchen Angelegenheiten der Menschen gegenüber kommt nie von selbst auf, ist niemals Zufall, sondern sie ist immer die Folge meines Versäumnisses, mich für Mensch und Welt zu interessieren.

Niemand hat in sich mehr Lieblosigkeit, als er selbst durch Vernachlässigung der Liebe verursacht hat. Niemand kann anderen die Schuld an seiner Gleichgültigkeit, an dem Mangel an Liebe geben, den er in sich erlebt. Jeder ist selbst verantwortlich für den Reichtum, wie auch für die Armut seines Herzens. Wenn die Liebe meine angeborene Fähigkeit ist, mich für alle und alles im tiefsten Sinne des Wortes zu interessieren, und wenn die Lieblosigkeit das ist, was mich innerlich aushöhlt, dann ist die Liebe in jeder Hinsicht von der Freiheit abhängig. Liebe ist nicht eine Frage des Gefühls wie die Verliebtheit, sondern sie hängt ganz und gar vom freien Willen jedes einzelnen Menschen ab.

Wenn der Mensch gezwungen wäre, die Welt und alle

Menschen, die darin leben, zu lieben, wenn seine Fähigkeit zu lieben wie von selbst in jeder Lebenssituation auftreten würde, wenn er nicht anders könnte, als an allem den wärmsten Anteil zu nehmen, so wäre die Liebe wie ein Naturtrieb, sie wäre keine menschliche Liebe. Das Geheimnis der Liebe ist untrennbar mit der Freiheit verbunden. Nur wo Freiheit herrscht, kann auch menschliche Liebe aufblühen. Nur die Liebe, die ich in Freiheit schenke, empfinde ich als wahre Liebe. Nur wenn ich liebe, obwohl ich es ebenso gut lassen könnte, liebe ich wirklich.

Hier stellt sich natürlich die Frage, ob auch die Tiere lieben können. Wie steht es beispielsweise mit unseren Hunden, die zur Begrüßung mit dem Schwanz wedeln, wenn wir nach Hause kommen, ja die uns, wenn es darauf ankommt, nicht selten sogar verteidigen? Oder mit unseren Hauskatzen, die behaglich schnurren, wenn wir sie auf den Schoß nehmen und kraulen? Wann immer diese Frage gestellt wird, gibt es Menschen, die gar nicht eifrig genug versichern können, dass ihr Hund oder ihre Katze ganz zweifellos auch fähig sei zu lieben, dass sie sich von ihren Tieren geliebt fühlen und wie! «Ich weiß zwar nicht, wie das bei den Tieren der anderen ist, aber dass *mein* Hund mich liebt, dessen bin ich mir ganz sicher.»

Wenn aber die Liebe, wie die Menschen sie leben, untrennbar mit der freien Entscheidung verbunden ist, muss man diese Frage vielleicht doch noch einmal überdenken. Wenn man das triebhafte Verhalten der Tiere als «Liebe» bezeichnen wollte, müsste man für die menschliche Liebe ein anderes Wort verwenden.

Drei Äußerungen menschlicher Liebe

Die menschliche Liebe findet ihren Ausdruck auf drei verschiedenen Ebenen, die den drei Welten entsprechen, in denen der Mensch lebt: Die äußerliche Welt, zu der sein *Körper* gehört; seine rein persönliche, innere Welt, die Welt seiner *Seele* mit ihren Trieben, Begierden und Leidenschaften; und die Welt seines *Geistes*, insoweit der Geist kraft des Denkens die Welt in ihrer objektiven Wirklichkeit erfassen kann. Die Worte «Körper», «Seele» und «Geist» klingen für viele Menschen heute abstrakt, sie warten darauf, wieder mit Sinn erfüllt zu werden. In früheren Zeiten wussten die Menschen, ohne erst darüber nachzudenken, was mit diesen Begriffen gemeint war. Heute liegt es in der Freiheit jedes Einzelnen, ob er sich in seinem Denken um dieses Verständnis wieder bemüht oder nicht.

Die griechische Antike ist in philosophisch-künstlerischer Hinsicht die Grundlage der westlichen, christlich geprägten Kultur. Die griechische Sprache konnte das Wesen des Menschen und seiner Liebe in mancher Hinsicht genauer ausdrücken als die modernen Sprachen. Viele können heute weder zwischen Seele und Geist noch zwischen Leib und Seele genau unterscheiden. Sie sehen in den inneren Erlebnissen der Seele, in Gefühlen und selbst in Idealen, nichts anderes mehr als eine Wirkung rein körperlicher Vorgänge. Ganz zu schweigen vom Geist, der für die meisten Menschen heute nicht einmal der Rede wert ist.

Die alten Griechen hatten drei verschiedene Begriffe, um die Wirkungsfelder der Liebe zu bezeichnen: *Eros* nannten sie die Liebe, insoweit der Naturtrieb in ihr vorherrschend ist; *Philìa* nannten sie die seelische oder gefühlsmäßige Liebe, die sich in Zuneigung, in Sympathie ausdrückt; und *Agàpe* war für sie die geistige, wahlverwandtschaftliche Liebe, jene Liebe, für die sich jeder Mensch frei entscheidet. Die Liebe im Sinne der Agàpe kommt eigentlich erst mit dem aufkommenden Christentum zu ihrer vollen Geltung, jedoch weist bereits die sogenannte «platonische Liebe» in dieselbe Richtung.

Man hat es hier mit drei unterschiedlichen Arten der Liebe zu tun. Jede kommt auf einer anderen Ebene des Lebens zur Geltung und hat damit ihre eigene Schönheit. Die Liebe kann in allen ihren Ausdrucksformen – auf körperlicher, seelischer und geistiger Ebene – als etwas Gutes erlebt werden.

Die Schönheit des *Eros*, der in den Kräften des Körpers wurzelnden Liebe, beruht auf der Weisheit, die allem Natürlichen innewohnt. Wenn der Mensch ein reines Naturwesen wäre, würde sich die Frage nach Gut und Böse, die Frage, was die Entwicklung des Menschen fördert und was sie behindert, nicht stellen. Das unaufhörliche Ringen um Antworten ist ja nur darin begründet, dass der Mensch wirklich wählen kann. Er muss selbst entscheiden, wie er mit den Naturkräften umgeht. Entsprechend werden sie seiner Entwicklung dienen oder sie hemmen. Könnte der Mensch nicht wählen, gäbe es auch keine Freiheit. Und es ist vor allem diese Möglichkeit der Wahl, die den Menschen vom Tier unterscheidet. Es ist also nie eine Naturkraft an sich, die für den Menschen gut oder schlecht ist, sondern allein die Art und Weise des Umgangs mit ihr, und wie dieser Umgang auf Seele und Geist des Menschen zurückwirkt.

Die griechische *Philìa* kann mit Freundschaft übersetzt werden. Ihre Kräfte gründen nicht in einem Naturtrieb des Körpers wie der Eros, sondern auf dem seelischen Gefühl der Zuneigung, des inneren Gleichklangs, auf der Freude darüber, dass man sich gut versteht und das Gefühl hat, wie füreinander geschaffen zu sein. Philìa äußert sich auch in all unseren Hobbys, zu ihr gehört alles, was wir einfach mögen oder gern tun.

Die Schönheit der geistigen Liebe, der *Agàpe*, liegt in ihrer schöpferischen Kraft und setzt den freien Willen des Menschen voraus. Diese dritte Form der Liebe wurzelt weder im Naturtrieb, noch ist sie abhängig von persönlicher Sympathie. Sie tritt in Erscheinung, wenn der freie menschliche Geist schöpferisch wirkt, wenn er dank der Tatsache, dass er das geliebte Wesen gut kennt und aus der Erkenntnis heraus handeln kann, ein passendes Wort oder eine geeignete Tat findet. Dabei geht es ihm nicht um das eigene Gefühlserlebnis, sondern allein um das Gedeihen des so Geliebten.

Ein Beispiel für die geistige Liebe ist das Streben nach Erkenntnis, denn es ist weder durch Naturnotwendigkeit bedingt, noch spielen Gefühle eine maßgebliche Rolle. Jemand könnte vielleicht auch hier zu bedenken geben, dass doch viele Menschen Freude daran finden, immer wieder etwas dazuzulernen. Er könnte einwenden, dass man sich damit doch immer im Bereich der Philìa, der Freuden der Seele, befinde, dass es sich da doch unmöglich schon um eine rein geistige Liebe handle.

Man denke dann an einen Menschen, der finanziell gut abgesichert ist, sich in dieser Hinsicht keine Sorgen zu machen braucht. Wenn er trotzdem tagaus, tagein unermüdlich alle seine Fähigkeiten für andere einsetzt, obwohl er dafür weder Lohn noch Dank, vielleicht sogar nichts als Undank erntet, dann ist seine Liebe eine rein geistige. Sie ist frei, weil sie nichts erwartet. Es ist jene Liebe, die mitunter zu der Frage veranlassen kann: Wozu eigentlich? Warum mache ich das? Und die schlichte Antwort kann nur lauten: Weil ich es so will! Niemand zwingt mich dazu; und gerade deswegen tue ich es frei und aus reiner Freude am Tun.

Sein höchstes Glück erlebt der Mensch, der aus einer solchen rein geistigen Liebe handelt. Würde er lieben, nur um dabei glücklich zu werden, dann würde er nur seiner Natur folgen, denn alle Menschen sehnen sich nach Glück. Der freie Entschluss aus Liebe zu handeln, ist dagegen eine individuelle Tat und das Glück kommt meistens als Zugabe, oft dann, wenn man es gerade am wenigsten erwartet. Wer wirklich liebt, der sucht nicht das eigene Glück, sondern das des Geliebten und nur darin ist er selbst glücklich. Dagegen sind wir in der körperlichen Liebe nur in Grenzen frei, denn sie gehört zur Natur. Sie muss sein und sie muss so sein, wie sie ist. Geistige Liebe muss nie sein, sie kann immer auch unterlassen werden, während seelische Liebe sich zwischen der Neigung zum Körper und der Neigung zum Geist hin- und herbewegt.

Das Schönste im Leben ist die Liebe

Um dem Geheimnis der Liebe auf die Spur zu kommen, kann man sie auch unter dem Gesichtspunkt ihrer Entwicklung betrachten, denn die Liebe ist selbst die treibende Kraft aller Evolution.

Man kann sich fragen: Welche Wandlungen hat die Liebe in der Menschheitsgeschichte durchgemacht? Wie haben die alten Griechen geliebt? Wie die Römer, die Perser, die Ägypter? Welche Entwicklung haben die Liebeskräfte durch den Hinduismus oder den Buddhismus erfahren? Welche Art von Liebe erleben wir heute, die wir unter ganz anderen Entwicklungsbedingungen leben? Welche Erfahrungen der Liebe werden in unserer Zeit überhaupt erst möglich?

Wenn man die Liebe unter dem Gesichtspunkt einer beständigen Entwicklung betrachtet, kann man große Unterschiede feststellen, denn Liebe ist nicht gleich Liebe. Auch im Laufe des einzelnen Menschenlebens ist es so: Die Kräfte der Liebe kommen bei einem zehnjährigen Kind ganz anders zum Ausdruck als bei einem vierzehnjährigen Jungen oder Mädchen zu Beginn der Geschlechtsreife, und mit zwanzig, vierzig, sechzig oder achtzig Jahren zeigt sich die Liebe in immer neuen Verwandlungen.

Gerade der Lebenslauf des Menschen bietet die schönste Gelegenheit, diese Wandlungen der Liebeskräfte zu untersuchen. Wenn die Liebe wirklich die Triebfeder hinter allem Tun und Trachten des Menschen ist, kann sie nicht statisch, nicht starr sein. Sie ist es, die alles immer in Bewegung hält, die alle Menschen zu immer neuen Entwicklungen anspornt. Beides, der Weg der Liebe und der Weg des Menschen sind untrennbar verbunden, sind die zwei Seiten einer Münze.

Platons *Gastmahl* ist ein Gespräch über die Liebe, es besteht aus sieben Lobreden auf den *Eros*. Platon verwendet dort das Wort «eros», um die Spielarten der Liebe auf allen Ebenen – auf der körperlichen ebenso wie auf der seelischen und geistigen – zu bezeichnen.

In diesen sieben Reden wird auf die feinsinnigste Art der spannungsvolle Entwicklungsweg der Liebeskräfte zum Ausdruck gebracht. Sokrates wird die sechste Rede zugeteilt, während die siebte, die den Höhepunkt des Werkes darstellt, dem jungen Alkibiades vorbehalten bleibt. Der Leser würde vielleicht erwarten, dass das letzte Wort Sokrates haben sollte, er hat aber nur das vorletzte und sagt sinngemäß das Folgende: Alle meine Vorredner haben eine Lobrede auf die Liebe gehalten, ohne sich jedoch die Frage zu stellen, ob das, was sie sagen, auch wirklich wahr ist. Ich aber, Sokrates, möchte über die Liebe nichts als die schlichte, ungeschminkte Wahrheit sagen.

Und so bildet nicht ein Lob der Liebe den Inhalt der Rede von Sokrates, sondern einzig und allein die Wahrheit über die Liebe. Man fragt sich: Kann es nach Sokrates' Rede noch eine Steigerung geben? Nach dem, was der weise Sokrates über das wahre Geheimnis der Liebe ausspricht, kann da noch etwas hinzugefügt werden? Es kann. Platon weiß noch eine Steigerung für die siebte Rede.

Als Sokrates zu Ende geredet hat, erscheint auf der

Schwelle eben Alkibiades, einer seiner Schüler, in betrunkenem Zustand. Er hält eigentlich keine Rede über die Liebe, sondern spricht über seinen Lehrer Sokrates und darüber, wie er sich von diesem geliebt fühlt. Seine Rede handelt von der Art und Weise, wie Sokrates liebt. Gerade weil die Liebe nicht weniger in Entwicklung begriffen ist als der Mensch, muss man sich die Liebe unter Männern im alten Griechenland als eine ganz besondere vorstellen, weil die inneren Erlebnisse der Menschen damals auch andere waren als heute. Im Mittelpunkt der Beziehung zwischen jungen Männern und ihrem Lehrer Sokrates stand die gerade erwachende Fähigkeit zum selbständigen Denken, die sich zu jener Zeit zunächst vorwiegend bei Männern zeigte. Das wird deutlich in all dem, was Alkibiades über Sokrates zu erzählen hat. Man hat hier einmal mehr die schöne Gelegenheit, sich von den Wandlungen der Liebes- und Denkkräfte im Laufe der Zeit zu überzeugen, denn heute erscheint es doch jedem als eine Selbstverständlichkeit, dass Frauen ebenso selbständig denken können wie Männer. Und auch die damalige Art der «Liebe» unter Männern wäre heute so nicht mehr möglich. Man kann vielleicht hinzufügen: Mit der griechischen Philosophie fing jene einseitig männliche Rationalität an, kulturprägend zu werden, die in unserer Zeit dringend darauf wartet, von einer Logik des Herzens ergänzt zu werden.

So handelt die sechste Rede in Platons «Gastmahl», die Rede von Sokrates, von der *Wahrheit* über die Liebe und die siebte von der *Wirklichkeit* der Liebe, indem Alkibiades von der Liebe des Sokrates Zeugnis ablegt. Platon will damit vielleicht sagen: Die Wahrheit über die Liebe zu *wissen* ist eine Sache; danach zu *leben*, die Liebe in seinem Leben zu verwirklichen, eine ganz andere. Weil Sokrates die Liebe lebt, weil er aus der eigenen Erfahrung reden kann, ist er am besten in der Lage, die Wahrheit über die Liebe auszusprechen. Und in der Tat: In seiner Rede geht er alle Entwicklungsstufen der Liebe durch. Und wo es um die tiefste Wahrheit über die Liebe geht, beruft er sich auf die Eingebungen der göttlichen Diotima. Dieser Name bedeutet etwa «die die Gottheit Verehrende», damit ist ein geistiges Wesen gemeint, das aus der Quelle der göttlichen Liebe die Gedanken schöpft, die sie Sokrates mitteilt.

Diotima, so Sokrates, habe ihm das Folgende über die Liebe anvertraut: Die Liebe sei so beschaffen, dass sie zuerst an dem entbrenne, was man sehen und berühren kann, beispielsweise am Körper eines Menschen. Es liegt in der Entwicklungsdynamik der Liebe, vom Körperlichen den Ausgangspunkt zu nehmen. Der Mensch verliebt sich zuerst in etwas, was er sehen und anfassen kann, um bald festzustellen, dass nicht die Materie eines Körpers liebenswert ist, sondern die nichtmaterielle Form, die den Leib schön macht. Jede sichtbare Form ist vergänglich: Heute ist sie da, morgen nicht mehr. Jede wahrnehmbare Form kann aber auch losgelöst vom Körper als Vorstellung in der Seele unvergänglich fortleben, und dies macht die Seele liebenswerter noch als den Körper. Die Seele kann in den Schöpfungen ihrer Fantasie einen reichen Schatz von schönen Formen bewahren.

Der Mensch ist in die Schönheit der sichtbaren Dinge

verliebt, behauptet Diotima, aber die Schönheit selbst ist nicht etwas Materielles, etwas sinnlich Wahrnehmbares. Sie ist nicht weniger als die Liebe ein Rätsel, ein Geheimnis: Sie enthüllt und verhüllt sich zugleich in allem, was der Mensch sieht, sie tritt überall in Erscheinung, aber nur scheinbar, sie ist der schöne Schein aller Dinge, aber eben nur ein Schein. Dies kann man gut am Beispiel der Gestik eines Menschen erkennen. Das Sichtbare, der Körper selbst, ist dabei nicht das Entscheidende, sondern die Form, die er jeweils annimmt. Diese wird aber wiederum nur durch den Körper sichtbar. Und gerade dieses Versteckspiel ist es, das alles Schöne so unwiderstehlich macht. Der Mensch liebt die Dinge der Welt, weil er fühlt, dass sie die Schönheit unsichtbar-sichtbar machen. Sie machen «offensichtlich», dass das Beste des Lebens, dem unsere Sehnsucht und Liebe gilt, unsichtbar ist und unsichtbar bleibt. Die menschliche Seele liebt die Welt, weil sie die Unsichtbarkeit der Schönheit sichtbar macht.

Der Mensch, so belehrt Diotima ihren Schüler Sokrates weiter, verliebe sich in diese innere Spannung, die das scheinbare Erscheinen, das unverhüllte Sichverhüllen, das offenbare Geheimnis der Schönheit in ihm erzeugt. Er gewinnt die Erscheinungswelt umso lieber, je mehr er im Schein das verborgene Sein des Schönen zu erblicken vermag, in allem Vergänglichen das Ewige. Die Schönheit tritt einmal hier und einmal dort in Erscheinung, einmal mehr in diesem und einmal mehr in jenem Körper, mehr oder weniger unvollkommen. So kommt es, dass der Mensch in seiner Liebe zum Schönen nach und nach in

31

die vollkommene, ewig-geistige Schönheit der Dinge ein-
taucht, um an den unsichtbaren Quellen, die alles Schöne
und Gute unentwegt hervorbringen, mit seinem Geist teilzuhaben. Diese formgebenden Kräfte, die Platon «Ideen»
nennt, sind nicht «etwas», sie sind «jemand», nicht anders
als die «Mütter» in Goethes *Faust*. Es sind die Wesen, die
seit ewigen Zeiten die Welt erschaffen und aufrechterhal-
ten. Sie verwandeln das Chaos, das Hässliche, das noch
«chaotisch» Ungeordnete, in unsere schöne Welt, in diese wunderbare Ordnung, die unser Kosmos ist. Das Wort
kosmèin (von dem auch das Wort «Kosmetik» stammt) bedeutet «ordnen», «schön machen», «schmücken». Für die
Griechen war die Schöpfung ein herrliches Schönmachen,
jeder Schöpfungsakt ein Ordnen, ein Ausschmücken. Sie
dachten: Nur die künstlerische Fantasie göttlicher Wesen konnte einen so schönen «Kosmos» hervorbringen, in
dem die Menschen leben. Und der Mensch ist nach dem
Ebenbild der Gottheit geschaffen, weil auch er ein fantasievoller Künstler ist. Er kann das Schöne und das Gute in
der Schöpfung erfassen und bewundern, weil er denselben
göttlichen Geist in sich trägt, der die Welt so wundervoll
gestaltet hat. Die Schönheit der Schöpfung kann nur eine
Seele lieben, die sich zum Schönen hingezogen fühlt, das
moralisch Gute der Schöpfung kann nur ein Geist erkennen, der vom Guten und für das Gute geschaffen worden
ist. Die Welt ist die sichtbar gewordene Fantasie schöpferischer Künstler, dem Menschen zuliebe geschaffen, damit
jedem Menschen die beglückende Erfahrung der Fantasie
der Liebe ermöglicht werde.

Die erste Liebe und der Hass

Das Unbedenkliche einer Liebe, welche die Natur dem
Menschen schenkt, kommt am schönsten in der Liebe
zum Ausdruck, die jeder Mensch für sich selbst hegt. Eine
falsche Moral hat viel Unheil angerichtet, indem sie diese
natürliche Eigenliebe, den Egoismus, als etwas schlechthin Ungutes verurteilte. Dabei kann die Selbstliebe, eben
weil sie ein Geschenk der Natur ist, für sich genommen
weder gut noch schlecht sein. Moralisch gut oder schlecht
kann nur etwas sein, was der Mensch in seiner Freiheit
vollbringt. Die angeborene Eigenliebe ist nicht frei, nur
die Art des Umgangs mit ihr kann frei sein. Eigenliebe ist
schlicht unentbehrlich, ohne diese «erste Liebe» könnte der
Mensch gar nicht leben, ohne sie könnte er auch niemand
anderen lieben. Die Liebe zu sich selbst gibt jedem Menschen überhaupt erst die Möglichkeit, «jemand» zu sein.
Wenn ich ein «Niemand», wenn ich nichts wäre, wenn ich
nichts in mir und für mich geschaffen hätte, könnte ich anderen auch nichts geben.

Gut ist die Eigenliebe, wenn sie sich in der Liebe zum
anderen erweitert, schlimm wird sie, wenn sie die Liebe
zum anderen ausschließt. Ein Mensch kann sich selbst nie
zu sehr lieben, bedenklich wird es nur, wenn er die anderen
zu wenig liebt. Diese «zweite Liebe», die Nächstenliebe,
darf nicht auch eine Gabe der Natur sein, denn dann wäre
sie ebenso wenig frei wie es die Eigenliebe ist. Aber weil
sich jeder täglich neu entschließen kann, seine Liebe auch
anderen zu schenken, ist es ihm möglich, seine Eigenliebe

selbst in eine freie Liebe zu verwandeln.

Wer glaubt, er liebe sich selbst nicht, täuscht sich nur. Auch ein Selbstmörder handelt aus Eigenliebe: Wer sich das Leben nimmt, verspricht sich von seiner Tat einen Vorteil für sich selbst, andernfalls könnte er sich gar nicht umbringen. Der einzig «triftige» Grund, der einen Selbstmörder dazu bringen kann, sich das Leben zu nehmen, ist seine Überzeugung, dass er seine Lage durch seine Tat auf jeden Fall verbessert. «Ich sterbe *lieber*», sagt er. Er ist überzeugt, dass es besser für ihn ist, nicht weiterzuleben.

Wenn der Mensch erst selbst etwas werden, etwas sein muss, ehe er andere lieben kann, dann ist der Hass gerade die Kraft, die sich wie eine Naturgewalt meldet, wenn der Mensch befürchten muss, von anderen überrollt zu werden. Mit der Kraft des «Hasses» wehrt er sich gegen alles, was sein Wesen bedroht oder seine Entwicklung beeinträchtigt. Hass ist so gesehen die radikale Form der Eigenliebe, der Treue zu sich selbst, die Verteidigung der eigenen Selbständigkeit.

Ein Mensch, der nicht in der Lage wäre, ihn bedrohende Übergriffe von Seiten anderer abzuwehren, jemand, der sich völlig vereinnahmen ließe oder sich sogar zum blinden Ausführer der Befehle anderer machte, würde sich schließlich selbst auslöschen und könnte auch andere nicht lieben. Was man «Hass» nennt, ist in seiner natürlichen Ausprägung auch weder gut noch schlecht, sondern schlechthin entwicklungsnotwendig. Er ist die Kraft, mit der jeder Mensch sich gegen jede Art von Fremdbestimmung zur Wehr setzt – ja sogar setzen muss! Wo immer von außen danach getrachtet wird, einen Menschen gegen die Wand zu drücken, wo immer jemand es darauf anlegt, ihn zum Werkzeug für seine Zwecke zu machen, tritt als Antwort der natürliche Hass auf den Plan, der nichts anderes ist als die Urkraft des Menschen zur Selbstverteidigung, zur Eigenständigkeit.

Die Selbstbehauptung ist nicht weniger wichtig als die Hingabe an andere. Nur wenn ich alles zurückweise, was mein Wesen bedroht, nur wenn ich in der Lage bin, mich gegen alles zu verteidigen, was meine Unabhängigkeit gefährdet, werde ich auch die Kraft in mir finden, aus mir selbst heraus, frei, für andere etwas zu tun. Der Mensch lernt auf einem Weg der inneren Entwicklung nun auch andere Menschen, Wesen und Dinge zu lieben und seine Sehnsucht wächst, schließlich alle Menschen und alle Wesen der Natur mit seiner Liebe umfassen zu können.

Wenn alle sich immer nur um ihre eigenen Angelegenheiten kümmern, dann wird auch kaum jemand viel von dem erfahren, was das Leben wirklich an Schönem und Gutem geben kann. Wer nur sich selbst liebt, wird von den anderen allein gelassen, er wird die Liebe entbehren müssen, die nur die anderen ihm entgegenbringen können. Der reine Egoist ist der Mensch, der sich selbst am wenigsten liebt. Derjenige aber wird das Leben in vollen Zügen auskosten können, der sich den anderen zuwendet, sich für sie interessiert und einsetzt. Er wird in ihnen den Wunsch erzeugen, Liebe mit Liebe zu vergelten. Wer immer mehr Menschen liebt, wird auch von immer mehr Menschen geliebt werden. Wenn er es aber tut, um geliebt zu werden, dann liebt er nicht die anderen, sondern immer noch sich selbst. Er wird auch entsprechend wenig Gegenliebe erfahren.

Entwicklungsstufen des «Hasses»

Damit das Menschliche immer reiner hervortreten kann, muss die Liebe alles Widermenschliche abweisen können. Sie muss all das «hassen», all das bekämpfen, was den Menschen in seinem Wert vermindern kann. Und was nimmt dem Menschen etwas von seiner Menschlichkeit, was macht ihn moralisch weniger wert? Welches sind die Formen der Unmenschlichkeit, die einen gesunden «Hass» hervorrufen?

Da sind zum einen alle Formen der *Unwahrheit* und der *Lüge*, die jedem denkenden Menschen zutiefst widerstreben. Er findet sie unmenschlich, weil sie seine Wahrheitssuche untergraben, sie erregen unwillkürlich eine Art von Hass in ihm, weil ihn Täuschung und Betrug in die Irre führen, ihm die Wahrheit vorenthalten. Er muss alles verabscheuen, was ihn an der Erkenntnis der Wahrheit hindert, nach der er in seinem innersten Wesen strebt, denn nur sie kann ihn letztlich glücklich machen.

Wenn ich mein angeborenes Streben nach Wahrheit nicht pflege, muss ich geistig verarmen. Je unzulänglicher mein Denken ist, je weniger ich von Mensch und Welt verstehe, umso mehr bin ich allen möglichen Täuschungsmanövern hilflos ausgeliefert. Und die meisten Menschen,

36

die sich so belogen oder betrogen fühlen, antworten auf diese Erfahrung zunächst mit einer der vielen Erscheinungsformen des Hasses.

Das Zweite, was Hassgefühle hervorruft, ist der *Egoismus der anderen*, weil man unter seiner Auswirkung glaubt, selbst zu kurz zu kommen. Die kurzsichtige Eigenliebe bringt die Menschen dazu, sich gegenseitig auszunutzen. So richtet jeder spontan seinen Hass gegen die Versuche des anderen, ihn für seine Zwecke zu vereinnahmen. Nur ganz langsam kommt der Mensch darauf, dass die Lage erst dann für alle besser werden kann, wenn jeder versucht, seinen Hass nicht länger auf den Egoismus der anderen, sondern auf seinen eigenen zu richten. Diese innere Wandlung ist der Beginn der Nächstenliebe.

Die dritte Art von Hass betrifft unmittelbar den physisch-leiblichen Bereich. Sie besteht darin, dass jeder Mensch mit der Kraft seines ganzen Wesens sich all dem widersetzen muss, was die Gesundheit seines Körpers beeinträchtigt, also auch jeder Form von *Krankheit*. Der Mensch wendet sich gegen alles, was seinen Körper bedroht, da dieser die notwendige Grundlage für sein ganzes Dasein darstellt. Die tief empfundene Abscheu gegen jede Art von Folter ist ein Ausdruck der Würdigung der Kostbarkeit, ja der Unantastbarkeit des physischen Körpers. Ausschweifungen und Askese widerstreben daher beide gleichermaßen dem gesunden Empfinden, weil beide die Gesundheit des Körpers beeinträchtigen.

Dieser dreifach naturgegebene Hass gegen Unwahrheit, Egoismus und Krankheit ist die Voraussetzung für die freie

Entwicklung der dreifachen Liebe des Menschen: seiner Liebe zum Körper, zur Seele und zum Geist. Indem er die Wahrheit liebt, liebt er den Geist in sich und in jedem anderen Menschen. Wenn er seine Mitmenschen liebt, dann liebt er zugleich die Schönheit seiner und seines Nächsten Seele. Und in seinem Streben nach körperlicher Gesundheit drückt sich seine Liebe für die Erdenkräfte aus, die alle Menschen am Leben erhalten.

Je freier der Mensch in seinem Inneren wird, desto mehr wird er auch von seinem Hass befreit, und zwar einfach deshalb, weil er ihn immer weniger nötig hat. Er fängt an einzusehen, dass das, was er *außerhalb* seiner selbst hasst, ihn auf etwas Hassenswertes verweist, was er *in sich* selbst trägt, was er in seinem Inneren zu besiegen berufen ist. Er beginnt zu sehen, dass er in den anderen immer nur dasjenige hassen kann, was er in sich selbst noch nicht überwunden hat.

Jedes Hassgefühl, das in mir aufkommt, kann für mich zu einer Entwicklungsaufgabe werden. Wenn ich die Lüge eines anderen Menschen hasse, was verabscheue ich damit in Wirklichkeit? Es ist die Tatsache, dass ich immer noch anfällig bin, mich belügen und betrügen zu lassen. Es widerstrebt mir, zuzugeben, dass man mich täuschen, dass man mich so leicht hinters Licht führen kann. Offensichtlich heißt das nichts anderes, als dass ich gegenwärtig noch nicht immer imstande bin, die Wahrheit von der Unwahrheit zu unterscheiden. Wenn ich dazu in der Lage wäre, könnte der andere lügen, soviel er wollte, ich würde es sofort merken und hätte es nicht nötig, sein Lügen zu hassen, ich würde mich nicht darüber ärgern.

Solange ich nicht beurteilen kann, was mir von außen entgegenkommt – vielleicht weil mir die Erfahrung fehlt –, brauche ich nur mit meinem Urteil zu warten. So kann ich auch vermeiden, getäuscht oder in die Irre geführt zu werden. Ich werde vom Hass geheilt, wenn ich einsehe, dass mein Hass gegen die Außenwelt mich eigentlich nur auf das verweist, was ich in mir selbst noch zu überwinden habe. Ein Mensch, der wirklich vollkommen wäre, könnte nichts und niemanden hassen.

Ebenso wie die Lüge hasse ich auch den Egoismus der anderen, wenn ich mich von ihnen irgendwie ausgenutzt fühle. Und was sagt mir wiederum dieser Hass? Er sagt mir: Du möchtest deinen eigenen Egoismus überwinden, der dich nicht weniger oft dazu verleitet, die anderen nur als Mittel für deine persönlichen Zwecke zu benutzen. Du möchtest dasjenige in dir überwinden, was dich für andere hassenswert oder «hässlich» macht, denn nicht ihren Hass, sondern ihre Liebe möchtest du erfahren.

Niemand hat das Recht, von anderen zu verlangen, dass sie mit ihm liebevoller umgehen als er mit ihnen. Mein angeborener «Hass», meine Abneigung gegen den Egoismus der anderen ist aus dem Grunde gesund, weil er mich dazu anspornen will, meinen eigenen Egoismus zu überwinden. Wenn dasjenige, was mich «hassenswert» macht, mein Egoismus ist, mache ich mich umso liebenswerter, je mehr ich den Egoismus in mir «hasse», je mehr ich ihn besiege. Die Natur legt den Menschen eine große Liebe zur eigenen Freiheit ins Herz – die gesunde Eigenliebe –, und es liegt am Menschen, im Laufe seines Lebens diese angeborene Liebe zur Freiheit in eine errungene Freiheit der Liebe – die immer mehr Menschen umfasst – zu verwandeln.

Die tiefsten Wahrheiten des Lebens lassen sich nur durch scheinbare Widersprüche, durch Paradoxien ausdrücken. Ein solcher scheinbarer Widerspruch wäre: Ich kann mir nur erlauben, die anderen tun zu lassen, was sie wollen, sie in allem zu lieben, wenn sie mich zwar schädigen, mir damit aber nicht mehr schaden können! Wenn mich beispielsweise jemand um zehntausend Euro betrügt, schadet er mir? Es ist ein Unterschied, ob ich sage, er hat dafür gesorgt, dass ich zehntausend Euro weniger habe (sachliche Feststellung), oder ob ich denke, er hat mich geschädigt (persönliche Empfindung). Wenn ich denke, er hat mich geschädigt, so stelle ich damit nicht eine objektive Tatsache dar, sondern bringe zum Ausdruck, wie ich das Geschehene ganz subjektiv erlebe. Ich könnte ja auch die Einstellung haben: «Umso besser! Ich fühle mich ganz und gar nicht benachteiligt, im Gegenteil: Jetzt habe ich zehntausend Sorgen weniger.» – Ein schöner Widerspruch! In der gleichen Lage könnte ein anderer vielleicht auch sagen: «Und ich hätte das Geld doch so dringend zum Leben nötig gehabt!» Ihm wiederum könnte man erwidern: «Wenn du es zum Leben gebraucht hättest, wie hast du bis jetzt leben können, ohne das Geld auszugeben?»

Das Salz, welches das Leben schmackhaft macht, ist die Kraft, alle Menschen zu lieben. Der Pfeffer, der dem Leben Würze verleiht, ist die Kraft, alles zu hassen, was den Menschen daran hindert, immer mehr zu lieben.

Liebe ist mehr als ein Gefühl

Wie kann man die Lieblosigkeit, die innere Gleichgültigkeit überwinden? Wenn es wahr ist, dass der erbittertste Feind der Liebe ihre Abwesenheit, ihre Unterlassung ist, dann wird das Leben umso schöner, je besser es einem gelingt, den Kreis der Menschen immer zu erweitern, die einem am Herzen liegen, um die man sich kümmert und für die man sich einzusetzen bereit ist.

Die Liebe ist die Kraft des Herzens, alles und jedes in der Welt «interessant» zu finden. Es gibt nichts, was nicht der Aufmerksamkeit wert wäre. Nur ist es nicht die Aufgabe der Welt, mich zu interessieren – wenn sie das täte, dann wäre ich unterbeschäftigt, wenn nicht sogar arbeitslos! –, sondern es ist meine Aufgabe, mich für die Welt zu interessieren. Für den, der sich für alles interessiert, wird alles interessant, und diese Tatsache macht ihn zum glücklichsten Menschen der Welt.

Die wichtige Frage ist also: Wie bringt man es fertig, sich für immer mehr Menschen zu interessieren? Die Klippe, die hier umschifft werden muss, ist die weit verbreitete Meinung, dass die Liebe bloß ein Gefühl sei, ein Gefühl, das von allein im Menschen auftauche, das einfach ohne sein Zutun sich einstelle. Wenn man jedoch genauer darüber nachdenkt, wird man zugeben müssen, dass Gefühle niemals etwas anderes sind als der seelische Widerhall der unterschiedlichsten Ereignisse, die man in der Außenwelt wahrnimmt. Auch die Liebe als Gefühl ist die innere Antwort auf eine Musik, die zunächst außerhalb unserer selbst erklingen muss. Solange die Liebe nur gefühlt wird, nur ein Gefühl ist, bleibt sie Selbstliebe. Sie erweitert sich erst dann zur Nächstenliebe, wenn das Gefühl sich mit dem Denken und dem Wollen verbündet. Wenn ich mit meinem Denken den anderen immer besser zu verstehen suche und dann aus diesem Verständnis heraus so handle, dass es ihm weiterhilft, dann wird, was zunächst in mir nur Gefühl oder Eigenliebe ist, mehr und mehr zu wahrer Liebe. Das Gefühl ist reiner Selbstgenuss, diese Eigenliebe gehört zu den schönen Gaben der Natur. Erst mein Denken, mein Streben nach objektiver Erkenntnis von Mensch und Welt, verwandelt meine Eigenliebe in Liebe zum anderen Menschen.

Die Wärme der Liebe, die ein Mensch in sich fühlt, ist immer der Nachklang der Liebe, die er den Wesen draußen zukommen lässt. Es ist ihm so wichtig, dieses wohltuende Gefühl der Liebe zu genießen, dass er leicht aus dem Auge verliert, wie dieses Gefühl nur durch die tatsächlich erwiesene Liebe erzeugt werden kann. Was ist Freude, wenn nicht eine Rückstrahlung dessen, was man den anderen schenkt. Die Eigenliebe allein macht den Menschen bloß sehnsüchtig; die Liebe zum anderen macht ihn glücklich. Nur derjenige kann in sich die Freude der Liebe erleben, dem es wirklich gelingt, sich den anderen zuzuwenden, sich für die anderen einzusetzen, der überall zuzupacken weiß, wo Not am Mann (und an der Frau) ist. Die Eigenliebe wird immer mehr zur Menschenliebe, wenn der Mensch lernt, sich selbst dem anderen zuliebe und den anderen sich selbst zuliebe zu lieben. Nicht anders verhalten sich die Glieder eines Organismus zueinander und nach

42

diesem Gesetz entwickelt sich alles Lebendige.

Manchmal kann man den Eindruck haben, dass im Geliebtwerden eine tiefere Freude zu erleben sei als im Lieben. Es kann so aussehen, als wäre es auch möglich, sich über die Liebe anderer zu freuen, ohne selbst zu lieben. Sicher kann ich mich freuen, wenn jemand mir sagt, dass er mich liebt, ebenso wie ich mich freue, wenn ich den Sternenhimmel oder das herrlich blaue Meer betrachte. Andererseits wird ein Mensch, den ich nicht liebe, mich schwerlich lieben können – außer er ist schon sehr, sehr weit in seiner Entwicklung. Und wenn es der Sternenhimmel von sich aus wäre, der mich so tief berührt, müsste er das immer auf die gleiche Weise tun, er müsste dann auch alle Menschen auf die gleiche Weise berühren, wie jeder gleich nass wird, der ins Wasser springt. Nein, so ist es nicht: Die Welt kann nur den berühren, der sich innerlich bewegt, der die Kraft des Interesses in sich rege macht. Wer sein Staunen den tausend Wundern der Welt entgegenbringt, wer die Geheimnisse des Lebens bewundern kann, der wird von der Welt immer tiefer berührt. Wenn ich keiner inneren Regung fähig bin, lässt mich alle Schönheit der Welt kalt, ja es kann mir sogar regelrecht auf die Nerven gehen, wenn andere in Bewunderung versetzt werden. Ebenso wie es möglich ist, dass mir die Liebe eines anderen nichts als lästig ist.

Die Liebe wirkt wie ein gesunder Kreislauf: Die Aufmerksamkeit, die jemand auf andere richtet, erfüllt sein Herz mit Freude; diese Freude stärkt wiederum seine Entschlossenheit, alle Welt zu lieben. Jeder kann sich in jedem Augenblick seines Lebens fragen: Was in meiner Umgebung erfordert gerade jetzt vorrangig meine Aufmerksamkeit? Und wenn er sieht, wie sehr und von wie vielen Seiten darauf gewartet wird, dass er sein Herz öffnet, wird er sich davon überzeugen, dass es ihm immer und überall möglich ist, Liebe zu schenken, dass das Herz des Menschen seit jeher die Wege der Liebe kennt.

II.
LIEBE UND GESCHLECHT
DIE QUADRATUR DES KREISES

Vergangenheit und Zukunft
des Männlichen und Weiblichen

Eine ganz besondere Erfahrung der Liebe liegt in der gegenseitigen Anziehung der Geschlechter. Man sagt nicht zu Unrecht, dass die Geschichte zwischen Mann und Frau so alt ist wie die Welt. Das lateinische Wort für Geschlecht, *sexus*, von *secare*, bedeutet schneiden, trennen (das deutsche «sägen» entstammt derselben Wurzel). In der vierten der sieben Reden über die Liebe in Platons *Gastmahl* berichtet Aristophanes, wie Zeus einst die ursprünglich zweigeschlechtlichen Menschen in zwei Teile zerschnitt, aus Furcht, sie könnten zu stark werden und seine Macht in Frage stellen. *Divide et impera*, teile und herrsche, hieß es später bei den Römern, die dieses Motto zu ihrem Herrschaftsprinzip machten. Der griechische Mythos erzählt, dass der ursprüngliche Mensch, bevor Zeus ihn in zwei Hälften schnitt, Mann und Frau in einem war. Diese zweigeschlechtlichen Menschen waren, wie es im *Gastmahl* heißt, hoch strebenden Sinnes geworden und drohten, sich Zugang zum Olymp zu verschaffen, um die Götter anzugreifen. Durch die Trennung in zwei Geschlechter machte Zeus die Menschen schwächer: Diese konnten nicht weiter «freveln», zumal fortan jeder Teil vollauf damit beschäftigt war, seine verlorene Hälfte zu suchen, um mit ihr wieder zusammenzukommen!

Dieser schöne Mythos drückt eine Grundwahrheit über die Entwicklung des Menschen und der Liebe aus, die nur eine andere – nämlich die griechische – Lesart dessen ist, was auch in der Bibel wieder zu finden ist. Dort heißt es: «Und Gott schuf den Menschen zu seinem Bilde, zum Bilde Gottes schuf er ihn; und schuf ihn als Mann und Frau.» Wenn Gott den Menschen nach seinem Bilde schuf, kann dies nur bedeuten, dass er ihn als ein vollkommenes, vollständiges Wesen schuf. Denn Gott ist Vollkommenheit, und wenn er den Menschen nach seinem Bilde schafft, kann er ihn nur als Ganzheit schaffen: männlich *und* weiblich in einem, nicht als Mann *oder* als Frau. Der hebräische Text wäre mit: «Gott schuf den Menschen als Mann und Frau in einem», getreuer wiedergegeben. Auch das Bild der erst zu einem späteren Zeitpunkt erfolgten Trennung Evas aus Adams Rippe veranschaulicht auf schöne Weise, dass der Mensch erst später entweder nur männlich oder nur weiblich wurde. Aus der ursprünglichen Einheit Adams wurden zwei verschiedene, voneinander getrennte Arten von Menschen, die seither einander suchen. Mit dem ursprünglichen Adam der Bibel kann also keinesfalls ein Mann gemeint sein, sondern der ursprüngliche weiblich-männliche Mensch.

Seit der Trennung der Geschlechter stellt die Entwicklung der langen Liebesgeschichte zwischen Frau und Mann die Entwicklung des Menschen schlechthin dar. Die Evolution verstehen heißt auch verstehen, wie sich das Verhältnis zwischen Mann und Frau im Laufe der Zeit wandelt. In dieser langen Geschichte lassen sich drei Hauptabschnitte voneinander unterscheiden:

- Am Anfang war die Einheit: der hermaphroditische, androgyne Adam (vom Griechischen anér, andrós = Mann; güné = Frau), der Mann und Frau in einem war.
- Die zweite Stufe, auf der wir uns heute noch befinden, entsteht durch die Trennung der Geschlechter, die Trennung der Menschheit in eine männliche und eine weibliche Hälfte, in Männer und Frauen.
- Die dritte Stufe, die das Ziel aller Entwicklung darstellt, ist die allmähliche Wiedervereinigung von Männlichem und Weiblichem in jedem Menschen. Die Entwicklung strebt die Vereinigung der beiden einander suchenden Hälften auf einer höheren Ebene an; höher in dem Sinne, dass sie vom Menschen in Freiheit errungen wird.

Der Sinn der Trennung der Geschlechter liegt darin, dass jeder Hälfte die Aufgabe gegeben wurde, sich die andere Seite in freiem Streben anzueignen. Was man von Natur aus schon besitzt, kann man nicht frei anstreben; was man bereits ist, kann man nicht mehr werden. Und was macht den Menschen glücklicher: Etwas zu sein oder etwas zu werden? So verblüffend das klingen mag: Etwas Schönes anzustreben macht einem weit mehr Freude als alles, was man schon erreicht hat. Man braucht nur an den menschlichen Lebenslauf zu denken: Jeder junge Mensch möchte gern alt *werden*, aber keiner möchte alt *sein*. Deshalb werden die «Senioren» höflicherweise als «ältere Menschen» bezeichnet, nicht als alt, weil «älter» jünger klingen soll als «alt»! Dies alles will nur sagen: Das Werden, das Streben ist des Menschen höchstes Glück. Und etwas anstreben heißt nichts anderes, als es *lieben*. So ist auch die Liebe zwischen Mann und Frau ein nie aufhörendes Zueinander-streben, ein Sichsuchen und ein Sich-nacheinander-Sehnen in der «Sehnsucht». Der Sinn der Trennung der Geschlech-ter ist ihre gegenseitige Liebe, das Streben nach Wieder-vereinigung.

Wenn man weiterfragt, warum nach etwas zu streben mehr Freude macht als alles, was man schon hat, kann die Antwort nur lauten: Im Streben, im Suchen, erlebt der Mensch im höchsten Maße seine Freiheit, seine schöpfe-rische Fantasie, die freie Entfaltung seiner besten Kräfte, allen voran die Kraft der Liebe. Ob und wie er strebt, wo-nach er strebt, hängt ganz von seiner Erfindungsgabe ab. In dem, was er schon hat, was er schon geworden ist, ist viel weniger Initiative möglich. Nur im Streben nach etwas Neuem fühlt er sich ganz frei. Man kommt hier von einer anderen Seite auf die Tatsache, dass Lieben und Freisein im Grunde ein und dasselbe sind. Zusammen machen sie den Menschen glücklich.

Mann und Frau: verwandt und fremd

Alles, was materiell ist, bleibt für den Menschen äußerlich, bleibt ihm fremd. Der Mensch kann sich von der physisch-materiellen Welt nur das zu Eigen machen, was er in Ge-danken und Vorstellungen umsetzen kann. Ein Quarzkris-tall wird nur dann zum Bestandteil meines Inneren, wenn ich mir dank der Wahrnehmung eine Vorstellung oder einen

Begriff von ihm bilde. Ich kann niemals unmittelbar in seine Materie eindringen, sie bleibt ganz außerhalb von dem, was ich in mir erlebe, sie bleibt mir völlig fremd.

Auf den Umgang mit der Geschlechtlichkeit übertragen bedeutet dies: Die von meinem Körper abhängigen *Empfindungen* oder Regungen kann ich unmittelbar mit niemandem teilen, ich kann sie nur ganz allein erleben. Deshalb kann ich auch nicht ohne weiteres die Empfindungen «mit-empfinden», die der Körper des anderen in ihm auslöst, denn die physische Materie seines Körpers bleibt mir äußerlich und damit fremd. Jeder Mensch bleibt in seinem Körper für sich allein. Und weil der männliche und der weibliche Körper sich in biologischer Hinsicht grundlegend voneinander unterscheiden, erzeugen sie auch Reize und innere Erlebnisse, die jeweils nur vom Mann oder von der Frau empfunden werden können. Kein Mann kann typisch weibliche Körperempfindungen erleben, keine Frau kann Sinnesreize empfinden, die nur in einem männlichen Körper ausgelöst werden. Jeder Mensch hat sein eigenes Hitze-, Kälte-, Geruchs-, Geschmacks- und Schmerzempfinden, jeder fühlt nur seinen eigenen Hunger, Durst oder Juckreiz. Keiner kann seine «Gänsehaut» auf einen anderen übertragen, höchstens das Gähnen, aber das nur, weil die seelische Langeweile gleich mit überspringt. Der Sinn des Körpers liegt überhaupt darin, jedem Menschen die Möglichkeit zu geben, sich in sich selbst abzuschließen und so eine gewisse Eigenständigkeit zu erlangen.

Außer seinen körperlichen Empfindungen erlebt jeder Mensch aber auch *Gefühle*, die nicht ausschließlich vom körperlichen Befinden abhängig sind, sondern auch rein seelischer Art sein können. Keiner wird für seinen Ärger wegen einer Beleidigung, für seine Freude über den Besuch eines Freundes, seinen Körper ebenso verantwortlich machen wie für seinen Kopfschmerz, seinen Hunger oder seine Kurzsichtigkeit. Wenn Gefühle nicht durch körperliche Empfindungen verursacht sind, ist es einfacher, sie auch anderen Menschen mitzuteilen. Das soll natürlich nicht heißen, die Gefühle des einen seien die gleichen wie die des anderen, aber es ist leichter, rein Seelisches mit einem anderen mitzuempfinden, als das, was er an seinem Körper erlebt. Wenn ich beispielsweise die Freude eines Freundes teile, der eine Prüfung gut überstanden hat, dann ist es zwar nicht unmittelbar seine Freude, die ich erlebe, sondern die Tatsache, dass ich mich hineinfühlen und an seiner Freude Anteil haben kann. So ist auch erst auf der seelischen Ebene eine wirkliche Vereinigung zwischen Mann und Frau möglich, die dieser Fähigkeit des Mitlebens, Mitfühlens, Mitleidens zu verdanken ist.

Außer den körperbedingten *Empfindungen* und den seelengeborenen *Gefühlen* gibt es im Menschen noch die geistgeschaffenen *Gedanken*. In der Erfahrung des Denkens löst sich der Gegensatz, die Polarität von Männlichem und Weiblichem ganz auf, hier werden der Vereinigung keine Grenzen mehr gesetzt. Mann und Frau können in der Welt des Denkens, des Geistes, wirklich eins werden; in der Gefühlswelt der Seele pendelt der Mensch hin und her zwischen Einheit und Einsamkeit; im körperlichen Bereich bleibt dagegen jeder für sich, jeder in seiner eigenen Welt eingeschlossen. So kann der Mensch durch Geist, Seele und Körper die Liebe in jeweils anderer Form erleben: als Kommunion des Geistes, als Gespräch zwischen Seele und Seele und als Selbstgefühl durch den Körper.

Was den Menschen frei macht, ist gut

Die biologischen Gesetze des Geschlechtslebens gelten für Mensch und Tier gleichermaßen. Trotzdem kann der Mensch seine Geschlechtlichkeit nicht in der gleichen Art leben wie das Tier, denn anders als die Tierseele ist seine Seele geprägt durch das «Ich», durch den individuellen Geist, den das Tier nicht hat. Der Mensch ist so gesehen in seinem Körper am meisten «Tier» und in seinem Geist am meisten «Mensch». Seine Seele schwingt auch in dieser Hinsicht hin und her zwischen einer natürlichen und einer geistigen Welt, die als Gegensätze erlebt werden. Sie verbindet und bereichert beide Welten und wird selbst von beiden bereichert.

Tiere sind nicht frei in ihrem Verhalten zum eigenen Körper, sie müssen ihrem naturgegebenen Instinkt folgen. Obwohl auch der Mensch tierähnliche Triebe hat, hat er im Gegensatz zum Tier die Fähigkeit, über seine Triebe und deren Sinn nachzudenken. Wie wäre es, wenn sich ein Löwe in einem Moment der Selbstbesinnung sagen würde: «Ich war gar nicht frei in meiner Menschenfresserei. Ich will meine Freiheit dadurch bezeugen, dass ich fortan alle Menschen und Tiere liebe, statt sie zu fressen.» Die Tiere kennen solche typisch menschlichen «Gewissensbisse» nicht. Der Mensch wird dagegen nicht im gleichen Maße von seinen natürlichen Trieben genötigt, er kann sie zum Werkzeug für seine frei gewählten Ziele machen. Wird der Geschlechtstrieb im Tier geweckt, dann muss es ihm folgen. Der Mensch kann sich auch diesem Trieb gegenüber frei verhalten.

Und weil die Zeugung selbst nach Naturgesetzen erfolgt, bei denen die menschliche Freiheit keine Rolle spielt, kann der Mensch nur frei entscheiden, *ob* er sich in dieses Kräftespiel der Natur hineinbegibt oder nicht. In der Entscheidung, sich auf die Geschlechtskräfte einzulassen, ist der Mensch erheblich freier, besonnener, als mitten in ihrem Walten, wo er sich von den Kräften der Natur geradezu überwältigt fühlt.

Insofern die Natur im Menschen wirkt, geht es nicht um Fragen der Moral, um Gut oder Böse und erst recht nicht um Liebe oder Freiheit. Erst wenn der Mensch sich zwischen verschiedenen Möglichkeiten entscheiden kann, kann er auch moralisch gut oder schlecht handeln. Erst damit kommt menschliche Freiheit überhaupt in Betracht und folglich die Verantwortung des Einzelnen für seine Handlungen.

Wie wird ein Mensch, dem seine innere Freiheit lieb ist, mit der Sexualität umgehen wollen? Da Menschen sich sehr voneinander unterscheiden, kann es nichts geben, was für alle in gleicher Weise gut oder schlecht ist. Vieles, was die persönliche Entwicklung des einen Menschen fördert, kann für einen anderen hinderlich sein. Die Frage beispielsweise, ob es für mich richtig ist, ein Kind zu bekommen oder nicht, macht deutlich, dass es keine allgemein gültige Antwort darauf gibt und rein theoretische Überlegungen werden auch nicht weit führen. Die für mich allein richtige Antwort finde ich in meinem Herzen und im Vertrauen darauf, dass ich mit meinem Leben zurechtkommen werde, wie auch immer meine Entscheidung ausfallen wird.

Auch in Bezug auf die Sexualität kann der Mensch sich sagen: Wenn mir meine innere Freiheit wichtig ist, dann muss doch alles für mich gut sein, was mich freier macht, und ungut all das, was mich nötigt, auch nur teilweise meine Freiheit aufzugeben. Nur insoweit Freiheit und Unfreiheit auch allgemein gültige Züge tragen, kann man über Sexualität im Allgemeinen sprechen und sich fragen, welche Art des Umgangs mit diesen Kräften den Menschen – jeden Menschen – freier macht und welche nicht.

Sexualität auf dem Weg in die Freiheit

Im Laufe des zwanzigsten Jahrhunderts ist der Umgang mit Sexualität ganz schön in Bewegung gekommen. «Sex» und «Freiheit» galten eine ganze Zeit lang als gleichbedeutend, die «sexuelle Befreiung» war einfach «in». Man wollte endlich mit all den lästigen Ge- und Verboten einer verklemmten Moral aufräumen. Was man dabei vielleicht oft übersah, war die Tatsache, dass Geschlechtlichkeit, ein Begriff aus dem körperlichen Bereich, und Freiheit, eine Eigenschaft des Geistes, in einem gewissen Gegensatz zueinander stehen. Der Naturtrieb kann leicht den Eindruck erwecken, man sei ihm gegenüber frei, weil die Entscheidung, sich seinen Kräften anzuvertrauen, oft eine durchaus freie ist. Das heißt aber nicht, dass ich ebenso frei bleibe, nachdem ich mich einmal darauf eingelassen habe. Wenn ich mich entscheide, eine Flasche Wodka oder Whisky zu trinken, mag dies durchaus eine freie Entscheidung sein, was aber nicht bedeutet, dass ich auch betrunken noch frei bleibe. Es gehört zur Freiheit, dass der Mensch auch frei entscheiden kann, seine Freiheit aus der Hand zu geben, wie etwa wenn er sich entschließt, sich umzubringen.

Der Zustand des Körpers, der am besten die Erfahrung der Freiheit ermöglicht, ist die *Gesundheit*. Und am gesündesten ist der Körper, wenn man ihn nicht weiter bemerkt. So wie eine Geige dann die besten Dienste leistet, wenn sie so gut gestimmt ist und der Künstler so vorzüglich spielt, dass man ungestört ganz im Genuss der Musik aufgeht. Sobald aber mit dem Instrument etwas nicht stimmt, zieht es alle Aufmerksamkeit auf sich und das schöne Musikerlebnis ist dahin. Beim Menschen ist es nicht anders: Macht sich sein körperliches Instrument unangenehm bemerkbar, dann ist etwas nicht in Ordnung und er fühlt sich nicht länger frei, sich ganz auf seine Tätigkeit und Umgebung zu konzentrieren.

Ein Wesenszug des neuzeitlichen Materialismus ist die Fixierung auf den Körper. Und vor lauter Hantieren am «Zeug» – vom Wellness-Urlaub über das Fitnessstudio bis zum Sport – kommt vielen gar nicht zum Bewusstsein, dass der Körper nicht Selbstzweck sein kann, sondern als Werkzeug für die Melodien der Seele und für die Schöpfungen des Geistes gedacht ist, für die Erfahrungen gegenseitiger Zuwendung unter Menschen und für die Entdeckungen des Denkens.

Solche Gedanken sind weit davon entfernt, dem Menschen jeden Körpergenuss, etwa die Freude am Essen oder an der Natur, verderben zu wollen, ganz im Gegenteil: Wer isst, um möglichst gesund zu bleiben und so das Leben auf allen Ebenen in vollen Zügen auszukosten, wird mehr Freude am Essen haben können als derjenige, der statt zu essen, um immer besser zu leben, lebt, um immer genüsslicher zu essen. Wer nichts Beglückenderes kennt als den Essgenuss – wie raffiniert und wohlschmeckend das Essen auch immer sein mag –, ist ganz buchstäblich ein «armer Schlucker», weil er keine Ahnung hat, welches Glück er verpasst, welche andere, noch viel wohlschmeckendere Kost das Leben zu bieten hat.

Das Leben ist ja gerade dazu da, um dem Menschen die Möglichkeit zu geben, zu entdecken, was für eine Art Glück er in Seele und Geist durch Liebe und Freiheit erleben kann. Körperabhängige Genüsse können ihn, da er sie doch von der Natur geschenkt bekommt, nicht glücklicher machen als geistige Genüsse, die nur in Freiheit errungen werden können. Man braucht nur zu sehen, was die Biografie eines jeden Menschen im Laufe der Jahre schreibt. Wenn man ganz klein ist, ist es der höchste Genuss, Milch zu trinken und gewiegt zu werden; wenn man etwas größer wird, ist einem das Liebste vielleicht eine Tafel Schokolade oder eine Pizza und es geht einem nichts über sein Spielzeug oder ein Fahrrad; wenn man noch etwas älter wird, findet man sein höchstes Glück bei Mädchen beziehungsweise bei Jungen, und noch einige Jahre später geht man vielleicht besonders gern ins Kino oder in die Diskothek, oder man entwickelt eine Leidenschaft fürs Theater oder für die Musik, womit man bereits im Bereich der seelischen Freuden ist, die weniger vom Körper als durch die eigenen Vorlieben bestimmt werden.

Wenn dann noch ein paar Jahre verstrichen sind und im Menschen ein starkes Interesse an der Mathematik oder an der Medizin, der Landwirtschaft, dem Reisen, dem Finanzwesen, der Geschichte, dem Handel, der Anthropologie, dem Schiffsbau, der Kochkunst, an Wissenschaft, Philosophie und Lebenskunst und so weiter erwacht, hat man es mit einer Freude an der Erkenntnis zu tun, die mehr geistiger Natur ist. Hier stellen sich die schönsten Genüsse niemals von selbst ein, jeder Mensch muss schon etwas dafür tun! Der Mensch muss vielleicht viel üben, hart an sich arbeiten, etwas erfinden oder schaffen. Die freie Entscheidung für die Beschäftigung mit Erkenntnisfragen gründet jedenfalls auf seiner ganz persönlichen Neigung und erfordert in irgendeiner Weise seine Initiative. Aber wenn er sich selbst seine Aufgaben wählt, sich selbst die Richtung gibt, wird ihn seine Tätigkeit auch in einem hohen Maße befriedigen.

Die Natur schenkt dem Menschen all die Freuden, die er durch seinen Körper erleben kann. Was ihn geistig erfüllt, muss er sich ganz frei erringen. Nur damit wird er aber auch seine Seele wirklich glücklich machen. Als junger Mensch hat man das hohe Recht, «natürlich» zu sein, und im Alter hat man das höhere Recht, immer freier zu werden. Das Leben wird umso schöner und sinnvoller, je weiter der Mensch auf dem Wege der Freiheit fortschreitet. Wohl aus diesem Grund ist der Mensch, insbesondere die Frau, in der ersten Hälfte des Lebens ganz anders fortpflanzungsfähig als in der zweiten. Die Jugend ist für die Zeugung da, das Alter für die *Über*zeugung, für die Zeugung durch freies geistiges Schaffen. Nicht zufällig ist der Körper in der Jugend schön und stark, während in späteren Jahren geistige Tiefe und Weisheit in den Vordergrund treten dürfen.

Die viel gepriesene Erotik wird als Kunst, als freies Spiel mit den Kräften der Natur, vor allem mit dem Geschlechtstrieb, aufgefasst. Viele fragen sich: Kann diese Kunst nicht immer fantasievoller geübt werden, kann sie nicht zu einer Erfahrung echter Freiheit, wenn nicht sogar tiefer Befreiung von jedem Zwang werden? Unter Erotik verstehen viele längst nicht mehr ausschließlich, was sich im Körper abspielt, sondern auch – und dies gilt im Allgemeinen für Frauen mehr als für Männer –, was im Gemüt erlebt wird, in der Welt der Gefühle. So möchten manche in jedem Liebesakt etwas in sittlicher Hinsicht Hochstehendes sehen, eine liebevolle Hingabe an den Partner oder die Partnerin. Es gibt auch Menschen, die im Geschlechtlichen eine religiöse Erfahrung suchen, zumal es an östlichen «heiligen Schriften», auf die sie meinen sich berufen zu können, ja auch nicht fehlt. Man braucht nur an bestimmte Deutungen des Kamasutra oder der jahrtausendealten Tradition des Tantrismus zu denken.

Und doch muss man bei genauerer Überlegung sagen: Der Mensch verarmt unter der Verherrlichung der Sexualität nicht weniger als unter ihrer Verteufelung. Sowohl der Kult des Körpers wie auch seine Kasteiung haben das Bedürfnis gemeinsam, das Thema Mensch und Naturkräfte ein für alle Mal «abzuhaken». Indem man alles Triebhafte rundweg entweder idealisiert oder missbilligt, will man die Sache endgültig erledigt wissen. Wenn man sich für alle Zeiten darauf festlegt, dass die Triebe des Menschen etwas Gutes oder etwas Schlechtes *sind*, erspart man sich das tägliche Ringen, das notwendig ist, um sie immer wieder etwas Gutes *werden* zu lassen. Gut ist für den Menschen aber, wie eben festgestellt, vor allem die fortwährende Entwicklung, so auch das Streben nach dem richtigen Gleichgewicht zwischen Körper und Geist, zwischen Natur und Freiheit. Sowohl der Körperkult wie auch der Körperhass bringen jede innere Entwicklung zum Stillstand. Man macht es sich einfach, wenn man Triebkräfte mit einem moralischen Etikett belegt und behauptet, sie seien so oder so. Entwickeln kann sich der Mensch aber nur, wenn er täglich neu nach dem für ihn richtigen Einklang all seiner Kräfte sucht.

Körperlich und geistig gleichzeitig «genießen»?

Wer das Glück der Liebe im rein Geschlechtlichen sucht, mag früher oder später dieselbe Erfahrung machen wie der,

der die Quadratur des Kreises anstrebt, nämlich dass es ein Ding der Unmöglichkeit ist. Wenn man in der Liebe den Schwerpunkt auf das Geschlechtliche legt, sucht man Erfüllung dort, wo es keine gibt. Wenn ich von den Kräften der Natur erwarte, dass sie mir die beglückende Erfahrung der Freiheit schenken, werde ich eine Enttäuschung nach der anderen erleben. Glück erlebt der Mensch, wenn er sich aller Naturkräfte bedient, um etwas in seiner Freiheit hervorzubringen, was mehr als Natur ist. Die Natur ermöglicht zwar jedem Menschen das Glück, kann es ihm aber selbst nicht schenken. Dieses Erlebnis muss sie seiner Entwicklung zur inneren Freiheit überlassen.

Man kann hier noch deutlicher werden und die Frage stellen: Warum soll es nicht möglich sein, beides, sowohl die körperlichen als auch die geistigen Genüsse, voll und ganz auszukosten? Was hindert den Menschen daran, beides gleichzeitig, die Empfindungen des Körpers und die Entdeckungen des Geistes, in vollen Zügen zu genießen? Wäre das nicht der Inbegriff des höchstmöglichen Glücks? Um eine Antwort auf diese Frage zu finden, ist es vielleicht dienlich, wenn nicht sogar erforderlich, von jeder vorgefassten Rechtfertigung oder Verurteilung Abstand zu nehmen. Dies wird eine möglichst sachliche Beobachtung dessen ermöglichen, was in jeder Frau und in jedem Mann in den Augenblicken vorgeht, wo die Kräfte des Geschlechtstriebs die Oberhand gewinnen, wenn die leibbedingten Empfindungen stärker wirken als Gefühle oder Gedanken.

Eine *erste Beobachtung* ergibt: Je mehr ich mich den Kräften der Natur meines Körpers überlasse, desto weniger fühle ich mich frei, über das, was ich tue, selber zu entscheiden. Ich fühle mich zunehmend abgestumpft in meinem Bewusstsein, meine Willenskraft nimmt in demselben Maße ab, in dem ich das Gefühl habe, mich «gehen zu lassen». Sollte sich hier die Stimme meines Gewissens melden, versuche ich sie vielleicht zum Schweigen zu bringen, indem ich mir einrede, es sei doch einfach schön, es sei erstrebenswert, sich auch einmal der Weisheit der Natur anzuvertrauen. Man solle doch endlich damit aufhören, die Natur immer nur beherrschen zu wollen. Warum solle man ihr nicht freien Lauf lassen, warum ihr nicht Vertrauen schenken?

Gerade diese Rechtfertigungsnot ermöglicht, genauer betrachtet, die Feststellung, dass die Hingabe an den Körper ein gleichzeitiges Tätigwerden des Menschen in seinem innersten Kern ausschließt. Der Mensch kann nicht in seinem Inneren passiv und tätig zugleich sein. Das Leben stellt jeden immer wieder vor diese Wahl, sich entweder für das eine oder für das andere zu entscheiden. Innere Freiheit, Initiative des Willens, sind nur in der Überwindung des Triebhaften, des Unfreien möglich. Frei ist der Mensch nie, frei kann er nur immer wieder werden: durch das wiederholte Sichfreimachen von all den notwendigen Gegebenheiten der Natur. Diese müssen aber da sein, denn nur in der Auseinandersetzung mit ihnen kann der Mensch sie überwinden, sich von ihnen befreien.

Frei werden heißt für den Menschen, in jedem Augenblick, in jeder Lebenslage, «stärker» zu sein als die Natur in ihm. Frei sein heißt einen starken Willen zu haben. Jedes

Mal, wenn ich einem Trieb nachgebe, schwäche ich meinen eigenen Willen und mache mich ein Stück weit weniger frei. Aber jedes Mal, wenn es mir gelingt, Herr über meine Natur zu werden, stärke ich meine Willenskräfte, und meine innere Freiheit wächst. Ich kann in meinem eigenen Hause nicht gleichzeitig Herr und Knecht sein. Mein Körper ist jeweils entweder mein Diener oder mein Herr, er kann nicht beides zugleich sein. Aber je öfter ich ihm erlaube, mein Herr zu sein, desto mehr wird er mich selbst aus dieser Rolle verdrängen. Das kann so weit gehen, dass die körperlichen Bedürfnisse so weit die Oberhand gewinnen, dass ein Mensch sich wie süchtig erlebt. Dieser Zustand gleicht dann durchaus dem, den man auch sonst bei Suchtkranken kennt.

Eine *zweite Beobachtung* besagt, dass die Triebkräfte des Menschen nichts Individuelles sind, denn Triebe, die der Mensch mit dem Tier gemeinsam hat, sind nicht der Ausdruck seiner Einzigartigkeit. Sie gehören seiner Natur an und er teilt sie mit allen anderen Menschen, dem gesamten «Menschengeschlecht». Indem ich mich diesen Naturkräften überlasse, muss ich zugleich darauf verzichten, mich als einzigartige Individualität zum Ausdruck zu bringen. Ich kann nicht einen Trieb ausleben, der bei allen Menschen auf die gleiche Weise wirkt, und mich gleichzeitig auf eine ganz und gar individuelle Weise ausdrücken. Alles was geistig oder seelisch ist – wie das Streben nach Erkenntnis oder die Zuwendung zu einem Freund –, erlaubt ein Höchstmaß an Individualisierung, weil es sich auf unzählige Weisen, in unendlichen Schattierungen ausdrücken lässt. Demgegenüber erlaubt der Instinkt ein sehr geringes Maß an persönlich-individuellem Spielraum. Musikalisch ausgedrückt: Die Schöpfungen des Geistes bescheren der Seele unzählige Themen und unbegrenzte individuelle Variationsmöglichkeiten; wenn sich die Seele aber dem Körper überlässt, spielen sich immer dieselben Stücke ab, in wenig originellen Variationen.

Manche sehen in der Erotik die Kunst, den Selbstgenuss im Umgang mit dem Körper wenn möglich unbegrenzt zu erhöhen. Die Grundregel dieses Spiels ist für sie dieselbe, die auch in der freien Marktwirtschaft gilt: Wenn jeder bestens für sich sorgt, ist für alle bestens gesorgt. So ist es aber in Wirklichkeit nicht. Eine bloße Summierung von Egoismen kann niemals Nächstenliebe zur Folge haben, es ist ganz umgekehrt: Wenn der Mann oder die Frau, jeder durch den Körper des anderen, nur den Selbstgenuss zu erhöhen sucht, ist das innere, seelische Erlebnis das einer zweifachen Isolierung, einer verdoppelten Vereinsamung, weil jeder nur den anderen dazu gebraucht, um die eigene Selbstbezogenheit noch weiter zu verstärken.

Man kann die Erotik mit der Kochkunst vergleichen: Auch die Zubereitung von Speisen kann immer weiter verfeinert werden, um auf tausenderlei Art den Essgenuss zu steigern. Nur muss man fragen: Kann der Körpergenuss als solcher, in welcher Form auch immer, den Menschen glücklich machen, oder kann der Mensch nur dadurch wirklich glücklich werden, dass er seinen Körper als Werkzeug für die «Genüsse» seiner Seele und seines Geistes erlebt? Wenn das Zweite der Fall ist, dann wird ihn die Fixierung auf den Körper nicht glücklich machen können, aber nicht deshalb, weil sie moralisch sündhaft wäre – nach einer dem Menschen von außen aufgedrängten Moral –, sondern umgekehrt: Weil es wirklich schade, ja eigentlich eine echte Sünde ist, sich aus Bequemlichkeit mit einem halben Glück zufrieden zu geben, statt nach dem vollen Glück zu streben.

Die Seele des Menschen ist so beschaffen, dass sie alles Körperliche stets zum Werkzeug für die Erfahrungen des Geistes machen möchte, das liegt in ihrer Natur. Sie ist die Prinzessin, die jeder aus den Märchen kennt. Sie wartet mit Sehnsucht auf den Prinzen, der sie aus ihrer Verzauberung erlöst. Die Verbannung in die Kräfte der Natur löscht die einmalige Erscheinungsform aus, die jede Seele in ihrem eigenen Geist sucht. Wenn die Seele ihre Fantasie frei entfalten kann, wenn der Mensch die ganz individuellen Ideale seines Geistes mit aller Kraft lieben und leben kann, dann erfährt er sein höchstes Glück.

Dies kann zu einer *dritten Beobachtung* führen: Wenn ich vordergründig die Kräfte meines Körpers erlebe, schließe ich mich in eine eigene Erlebniswelt ein, die mich von anderen Menschen isoliert. In unserer Zeit wird der Körper so in den Vordergrund gestellt, dass viele Menschen fast nur noch körperbedingte Erlebnisse kennen. Sie wissen nicht einmal, wovon die Rede ist, wenn man von Seele oder von Geist spricht. Aber gerade der um sich greifende Körperkult isoliert die Menschen zunehmend voneinander, denn von dem, was ein Mensch, ausgelöst durch die Vorgänge seines Körpers, innerlich empfindet, kann ein anderer Mensch nichts miterleben. Die Aufgabe des Körpers liegt, wie schon angedeutet, gerade darin, dass er dem Menschen ermöglicht, sich als ein von anderen abgesondertes Wesen zu erleben. Dieses Erlebnis ist unerlässlich für die Erfahrung der Freiheit. Nur soll man nicht dort einen Ausdruck der Liebe suchen – der Hinwendung zum anderen –, wo der Mensch sich am allermeisten in sich selbst verschließt.

Eine *vierte Beobachtung* kann feststellen, dass sich der Geist des Menschen in dem Maße verdunkelt, in dem er sich dem Erleben des Triebes hingibt. Es ist allerdings wichtig, sich darüber zu verständigen, was ein «Trieb» ist. Jeder kennt aus eigener Erfahrung, auch ohne darüber nachgedacht zu haben, den Unterschied zwischen «getrieben werden» und «sich selbst antreiben». Im ersten Fall fühlt man sich mehr oder weniger ohnmächtig, im zweiten Fall mehr oder weniger frei.

Wenn ich auf eine rutschige, abschüssige Bahn gerate und erlebe, dass ich meine Rutschfahrt nicht mehr aufhalten oder steuern kann, fühle ich mich von Kräften «getrieben», auf die ich kaum Einfluss habe. Wenn ich hingegen eine ebene Strecke laufe, kann ich meine Bewegung zu jeder Zeit steuern oder anhalten. Da fühle ich mich frei in dem Sinne, dass der Antrieb der Bewegung von mir selbst stammt, also bewusst gewollt ist. Da werde ich nicht getrieben, sondern treibe mich selbst an. Genau in diesem Sinne ist hier der Unterschied zwischen Trieb und Freiheit gemeint. Dies macht deutlich, dass eine freie innere Tätigkeit wie das Denken ganz anders erlebt wird als das Wirken eines Instinktes, der in mir auf eine Art wirkt, die nicht in meiner Freiheit liegt.

Der körperliche und der geistige «Orgasmus» schließen sich gegenseitig aus wie Unfreiheit und Freiheit. Die leibliche und die geistige Zeugung können nicht gleichzeitig erlebt werden. Ebenso wie der Mensch die Liebe, die angeborene Kraft der Seele auslöscht, wenn er sich in seinem Körpererlebnis ganz verschließt, so trübt er durch sein Aufgehen in den Empfindungen des Leibes das Denken, die Urkraft des Geistes.

Der Sinnesrausch und der klare Kopf können nicht gleichzeitig erlebt werden. Bei starken Lust- oder Schmerzgefühlen bin ich nicht in der Lage, meinen Körper gleichzeitig als williges Werkzeug für die hellsten Gedankenblitze zu gebrauchen. Lebens- und Bewusstseinskräfte stehen im Gegensatz zueinander und bedingen sich gegenseitig. Bewusstsein entfalten heißt immer Lebenskräfte verbrauchen, sie abtöten. Neue Lebenskräfte kann der Mensch nur aufbauen, indem er sein Bewusstsein zurücknimmt beziehungsweise ausschaltet, wie es auch während des Schlafes geschieht.

Es liegt einfach in der Natur der geschlechtlichen Erregung, ganz gleich, wie sie im Einzelnen erlebt wird, dass sie dem besonnenen Denken entgegenwirkt. Man muss sich bewusstseinsmäßig «gehen lassen», damit die Natur ungehindert walten kann. Und wenn ein Mensch – meistens ist es die Frau – beim Geschlechtsakt versucht, auch an den anderen zu denken, stellt er sein rein körperliches Bedürfnis zurück und findet auf diese Weise eine seelische Be-

friedigung, die von ganz anderer Art ist als die rein körperliche.

Es ist heute in der Öffentlichkeit viel von Homosexua-
lität die Rede. Die Gleichstellung der «Homo-Ehe» mit der
traditionellen Ehe scheint vielen eine wichtige Errungenschaft einer freien Gesellschaft zu sein. Dabei ist jede Art
von Beziehung zwischen zwei Menschen – insoweit kein
unmündiges Kind vorhanden ist, das vom Gesetz in seinen
Rechten geschützt werden muss – etwas, was nur die zwei
Menschen angeht, ganz gleich, ob sie gleichen oder unterschiedlichen Geschlechts sind. Insoweit der Geschlechtstrieb und nicht nur eine freundschaftliche oder seelische
Zuneigung auch in einer gleichgeschlechtlichen Zweierbe-
ziehung eine Rolle spielt, sich also das Körpererlebnis in
den Vordergrund stellen kann, sind die erwähnten Beobach-
tungen nicht weniger gültig.

Vom Leid des Amfortas zum Mitleid Parzivals

Im Geist des Christentums steht die Liebe an oberster Stelle,
heißt es doch, dass der Mensch sich der Gottheit nicht in der
Weisheit und nicht durch Macht nähern kann, sondern allein in der Liebe. Den allweisen, allmächtigen Gott kann der
Mensch nur als unendlich überlegen erleben, als unendlich
fern. Eine «Allliebe» Gottes gibt es aber nicht, weil Gott
einen Tropfen seiner eigenen Liebe in jedes Menschenherz
gegossen hat. Der Mensch hat die Möglichkeit, jede seiner
Handlungen mit göttlicher Liebe zu durchwärmen.

In den christlichen Evangelien ist von den Geheimnissen der Liebe in lebendigen Bildern die Rede, etwa dort, wo Christus der Ehebrecherin begegnet: Die Schriftgelehrten und die Pharisäer brachten eines Tages eine Frau vor ihn und sagten zu ihm: «Rabbi, diese Frau ist auf frischer Tat beim Ehebruch ertappt worden. Mose hat uns im Gesetz geboten, solche Frauen zu steinigen. Was meinst du dazu?» Diese Männer müssen gedacht haben: Jetzt wird er sich nicht mehr herausreden können, denn wenn er sagt, wir sollen sie nicht steinigen, wendet er sich gegen das Gesetz Moses, und wenn er sagt, wir sollen sie steinigen, widerspricht er sich selbst und allem, was er bisher über Liebe und Vergebung gefaselt hat. Jesus aber überrascht sie mit der Antwort: «Wer unter euch ohne Sünde ist, der werfe als Erster den Stein auf sie.»

Als sie ihn dies sagen hörten, heißt es im Evangelium weiter, gingen sie alle weg, einer nach dem andern, angefangen mit den Ältesten. Warum die Ältesten zuerst? Weil der Mensch umso mehr auf dem Kerbholz hat, je älter er ist! So blieb Christus am Ende allein mit der Frau und sagte zu ihr: «Hat dich niemand verdammt? So verurteile ich dich auch nicht.» Damit meint er: Es bringt nichts, die Menschen zu verdammen, was hilft, ist, dass man sie liebt und ihnen Mut macht, immer weiterzukommen. Christus will der Frau sagen: Du kannst aus allen deinen Taten, vor allem aus deinen Fehlern, immer lernen. Mach nur weiter, lebe, bleibe nur niemals stehen in deiner Entwicklung! Meist wird diese Stelle in Übersetzungen mit: «Geh hin und sündige nicht mehr» wiedergeben. Ein solches «geh hin» ist wirklich nichts sagend. Das griechische *porèuo* bedeutet nicht nur ein physisches Gehen, es heißt im Allgemeinen: «sich auf den Weg machen», «vorwärts kommen», auch im Sinne von «dazulernen» und «sich innerlich weiterentwickeln».

Christus will der Frau sagen: Sie soll immer weiter streben, um den «Sündenfall» rückgängig zu machen. Er ist gekommen, um jedem Menschen zu helfen, das Unfreimachende des Instinktes Stück für Stück zu überwinden. Im täglichen Überwinden, nicht im schon Überwunden-Haben, erlebt der Mensch seine Freiheit und sein Glück. Und um diese tägliche Befreiung vom Trieb erleben zu können, muss der Trieb da sein, er muss seine Kraft entfalten. So weist Christus auf einen Weg hin, den der Mensch in seinem Umgang mit dem Geschlechtstrieb gehen kann. Weder verurteilt er den Ehebruch, noch billigt er ihn. Er verweist auf die innere Entwicklung des Menschen und überlässt es der Freiheit des Einzelnen – in diesem Fall der Ehebrecherin –, ob er diesen Weg einschlagen will oder nicht.

Ebenfalls ein wunderschönes Bild ist im *Parzival* zu finden, einem Werk, das sowohl in der Fassung Wolfram von Eschenbachs, als auch in der von Chrétien de Troyes zum Schönsten und Tiefsten gehört, was das christliche Mittelalter hervorgebracht hat. Ein entscheidender Augenblick auf dem inneren Weg Parzivals wird dort dargestellt, wo dieser in der Gralsburg zum ersten Mal vor den schwer verwundeten, dahinsiechenden König Amfortas, den Hüter des Grals, geführt wird. Er versäumt es, ihn nach seinem Leiden zu fragen. Er versäumt es, weil bei ihm die Kräfte des Mitleids und der Liebe noch nicht genügend entwickelt sind.

Parzival muss lernen, dass zu lieben heißt, sich des anderen anzunehmen, dessen Schmerz mitzuempfinden, dessen inneren Kampf zu seinem eigenen zu machen, ihm helfen zu wollen. Beim ersten Besuch schweigt er angesichts des Leidens des anderen, er vermag noch kein Mitleid zu empfinden. Erst wird er die Schmerzen dieser Wunde des Amfortas «am eigenen Leib», in der eigenen Seele erfahren müssen, ehe er «mit-leiden» kann. Erst das eigene Leid öffnet das Herz auch für die Leiden des anderen, nur so kann aus dem Leid die Kraft des Mitleids entstehen. So weit ist Parzival in seiner inneren Entwicklung erst, als er die Gralsburg zum zweiten Mal betreten darf. Jetzt erst kann er das Leid des anderen so tief mitempfinden, dass er die alles entscheidende Frage an König Amfortas stellt, die Frage, was ihn so leiden lasse. Darauf erhält er die Antwort, dass es sich um eine geheimnisvolle Leistenwunde handle, die nicht aufhören wolle zu schmerzen und sich niemals schließe, und dass niemand ihm sagen könne, warum dies so sei und wie die Wunde geheilt werden könne.

Beim ersten Gralsbesuch war Parzival vielleicht noch zu jung. In der Jugend wird der Mensch von den Kräften der Natur getragen, um allmählich zu lernen, was die Natur ihm geben kann und was sie der Freiheit des Menschen überlässt. Nur ein Mensch, der in den Freuden der Sinne sein höchstes Glück mit aller Kraft und lange genug gesucht hat, ohne es zu finden, wird aus der Freiheit, aus der Sehnsucht der Liebe heraus etwas anderes suchen können. Wer sich die Freude an der sinnlichen Welt verbietet, ohne sie genügend erfahren zu haben, unterdrückt in sich die Triebkräfte der Natur, ohne sie zu verwandeln, ohne Geistestriebe erweckt zu haben, und macht die Naturkräfte dadurch nur noch stärker. Er sucht eine «höhere Liebe», aber nicht aus Liebe, sondern aus ihrem Gegenteil, aus der lieblosen Pflicht, und nicht aus Freiheit, sondern durch Unterwerfung unter ein Gesetz. Aber jede Angst vor der Natur, jede Verachtung ihrer Kräfte, bringt den Liebeskräften im Menschen den größten Schaden, weil die Natur seine ihn über alles liebende Mutter ist. Die Welt der Materie ist kristallisierte, sichtbar gewordene Liebe zum Menschen als Geist. In der Abwendung von der physischen Welt, zu der auch sein Körper gehört, findet der Mensch nicht den Geist, sondern nur den lieblosen, geistlosen Menschen. Nur in der verständnisvollen Liebe zur Welt der Materie wird er den verkörperten Geist finden, den verwundeten Amfortas, der nur durch die Kräfte der Liebe und des Mitleids von seinem Leiden erlöst werden kann.

Und was wird der Mensch tun, der glaubt, sein Glück im Genuss der Sinne zu finden, weil es ihm dabei weder an Lebensfreude noch an Freiheit fehlt? Wem die Gaben der Natur genügen, wird sie am allerwenigsten in sich abtöten wollen, um sich zu einer Geistsuche zu zwingen, weil der Zwang ihm weder Geist noch Freiheit bringen kann. Die Güte des Schicksals kann vernünftigerweise nichts anderes tun, als dem glücklichen Naturmenschen all die Zeit gewähren, die er auf dem Weg zum zweiten Gralsbesuch benötigt. Niemand kann einem anderen vorschreiben, auf welche Weise oder wie schnell seine innere Entwicklung vor sich gehen soll. Und derjenige lebt in einer argen Illusion, der sich schon bei seinem zweiten Besuch auf der Gralsburg wähnt, ohne den langen Weg dorthin Schritt für Schritt gegangen zu sein.

So ist nicht nur der Parzival, so ist auch Goethes *Faust* zu verstehen: Die Höhen und Tiefen seines zweiten Teils kann nur ein Mensch erleben, der den ersten Teil, die Mysterien der sinnlichen Liebe, voll durchlebt und durchlitten hat. Und so ist auch das Gleichnis des Evangeliums gemeint, wo es heißt, dass im Himmel für den Menschen mit mehr Jubel gefeiert wird, der sich verloren und wieder gefunden hat, als für denjenigen, der die Erfahrung der ersten Liebe, den Abgrund der Freiheit, gescheut hat.

Die Triebhaftigkeit ist der entwicklungsnotwendige Sündenfall der Liebe, die unfrei werden musste, damit durch die Befreiung vom Trieb eine größere, frei errungene Liebe erlebt werden kann. Durch den ebenso notwendigen Sündenfall des Bewusstseins wurde der Mensch abhängig von seinem physischen Gehirn, seine Vorstellungen wurden zu leblosen Spiegelbildern der äußeren Wirklichkeit. Es ist in der Tat die äußerste Oberfläche der Welt, die er so erlebt und die ihn selbst furchtbar oberflächlich macht, denn mit diesem Denken kann er nur die Gesetze des Toten und des Mechanischen nachvollziehen.

Der Sündenfall der Liebe und des Bewusstseins ist das zweifache Geschenk der göttlichen Liebe an den Menschen, der damit die Aufgabe erhält, sich seine Freiheit selbst zu erringen. Denn nur im täglichen Überwinden der Folgen des Sündenfalls kann der Mensch immer freier werden. Dies bedeutet aber auch: Die Wunde des Amfortas kann nicht, darf nicht durch Unterwerfung unter moralische Gebote oder durch bloße Erwartungen an eine göttliche Gnade sozusagen «auf einen Schlag» geheilt werden. Nur durch eine bewusste und schrittweise innere Verwandlung kann sich der Mensch jene Freiheit erringen, welche die ererbte Wunde heilt. Nur wer den Geist mit allen Seelenkräften liebt, kann die Unerbittlichkeit des Triebes überwinden, ohne ihn zu unterdrücken.

Amfortas' Wunde veranschaulicht in einem künstlerischen Bild, wie das menschliche Bewusstsein durch die Verbindung mit dem Körper von der Erfahrung des Geistes abgeschnitten wurde. Weil Materie und Geist in seinem Bewusstsein auseinander klaffen, erlebt der Mensch jene Wunde, die ihn seit Jahrtausenden schmerzt. Weil das menschliche Denken immer tiefer in die Materie tauchte, hat sich das Ich des Menschen gespalten: Das niedere, das «Alltags-Ich» hat sich ganz der irdischen Welt und der ausschließenden Selbstliebe verschrieben und dabei das wahre, das höhere Ich aus dem Auge verloren. Der Mensch weiß nicht mehr, ob die Wirklichkeit das ist, was er sehen und anfassen kann, oder ob es der Geist ist, von dem er allerdings gar nicht mehr so sicher ist, wo er sich befindet und ob es ihn überhaupt gibt.

Der Mensch Amfortas leidet schon sehr lange darunter, von den Naturkräften beherrscht zu werden, deren innerstes Wesen sich im Fortpflanzungstrieb äußert, denn so ist die Wunde in der Leistengegend zu verstehen. Amfortas'

Wunde befindet sich an der Stelle, wo der Skorpion seinen todbringenden Stachel in den Menschen stößt, diesen «Stachel des Fleisches», der auch einem Saulus aus Tarsus, besser bekannt als der Heilige Paulus, sehr viel zu schaffen gemacht hat. Auch dieser Paulus bat darum, ein für alle Mal vom Schmerz dieser Wunde befreit zu werden, und musste als Antwort vernehmen: Wie könntest du das Glück der täglichen Selbstbefreiung erleben, wenn es in dir nichts mehr zu überwinden, nichts mehr zu befreien gäbe.

In solch bedeutungsvollen Bildern wird dem Menschen die geheimnisvolle Wunde seiner Seele und die geerbte Spaltung seines Bewusstseins vor Augen geführt. Sein Bewusstsein hat sich in diejenige Natur bannen lassen, die er berufen ist, auf seinem Weg in die Freiheit mitzunehmen. Nur so kann er auch die Spaltung seines Bewusstseins rückgängig machen: indem er Materie und Geist in den täglichen Schöpfungen seines Denkens wieder verbindet. Die Liebe hat sich in seiner Seele in ein Gegeneinander von Selbst- und Nächstenliebe entzweit, um dem Menschen die Aufgabe der Freiheit zu geben, ihre gegenseitige Förderung in unendlichen Spielarten wahr zu machen.

Der Weg nach unten und der Weg nach oben

Der Mensch besteht aus Körper, Seele und Geist: Im Körper erlebt er die *Notwendigkeiten* der Natur; als Geist ist er *frei*, schöpferisch zu denken und aus Liebe zu handeln; als Seele bewegt er sich zwischen beiden Welten hin und her, er erlebt die innere *Spannung* zwischen Unfreiheit und Freiheit, zwischen Körper und Geist. Die Seele kann sich in allen Lebensbereichen mit ihren Liebeskräften sowohl zum Körperlichen als auch zum Geistigen hinwenden. Sie kann sowohl den «Weg nach oben» als auch den «Weg nach unten» einschlagen. Gerade darin besteht die Wahlfreiheit des Menschen.

Würde sich ein stabiles Gleichgewicht zwischen diesen beiden großen Lieben der Seele – zwischen Körper und Geist – einstellen, gäbe es keine Entwicklung. Die Kraft, die ihr daraus erwächst, dass sie versucht, sich immer selbstbestimmter ihre eigene Richtung zu geben, wird sie vorwärts bringen und dem Geist immer verwandter, immer ähnlicher werden lassen. Lebt die Seele dagegen nur passiv das aus, was ihr das Körperleben von selbst anbietet, wird sie eine immer größere Neigung zu der Welt der Materie entwickeln und sich in deren Reich der Notwendigkeiten immer tiefer verstricken. Um Entwicklung möglich zu machen, muss sich die Seele im Laufe der Zeit immer eindeutiger, immer endgültiger für die eine *oder* für die andere ihrer Wahlverwandtschaften entscheiden. Der Mensch erlebt sich zunehmend verwandt entweder mit allem Geistigen oder mit den Kräften der Natur. Der Freiheit zuliebe gewinnt seine Seele entweder die Welt des Geistes oder die Welt der Materie immer mehr lieb.

Im ersten Fall sucht die Seele immer entschiedener die Erfahrungen des Geistes, dem es dann zunehmend gelingt, die Natur auf dem Weg über die Seele Stück für Stück zu erkennen, zu vergeistigen, sie zu sich «hinaufzuziehen».

Im zweiten Fall verbindet sich die Seele immer stärker mit den körperlichen Vorgängen, was zur Folge hat, dass der Geist des Menschen die Materie immer weniger zu beherrschen vermag, weil ihm der Weg durch starke körperliche Begierden sozusagen versperrt bleibt. Die Seele vergisst auf diesem Weg langsam den Geist, weil sie sich zunehmend mit dem zufrieden gibt, was der Körper ihr bieten kann. Letztendlich kann der menschliche Geist einen Zustand erreichen, wo er sich in seiner Seele kaum mehr widerspiegeln, sie nicht mehr richtig durchdringen kann. Es bleibt dann nur ein selbstbezogenes Ego übrig, mit einem rein verstandesmäßigen Denken, einer leblosen Spiegelung von sinnlichen Wahrnehmungen. Damit ist man bei dem Ungleichgewicht angelangt, welches vielfach im materialistischen Zeitalter beobachtet werden kann, in dem viele Menschen fast ausschließlich hingegeben an die materielle Welt leben.

Wie der Menschengeist aus eigener Kraft in der Lage ist, die Seele zu begeistern und der Materie seinen Stempel aufzuprägen – man denke nur an die Errungenschaften von Wissenschaft und Technik –, so kann die Welt der Materie durch ihre Trägheit die Seele immer begierdenhafter machen und den Geist nach unten ziehen, ihn zunehmend «materialisieren». Wenn der Mensch in den Gesetzen und Vorgängen der Natur aufgeht, wenn er sein ganzes Leben nach ihnen ausrichtet, wird sein Geist allmählich jede Fähigkeit verlieren, auch ohne Stütze der Materie noch etwas zu tun oder zu sein. Der Mensch kann von der Materie so abhängig werden, dass ihre Gesetze zu *seinen* Gesetzen werden und er am Ende nur noch Naturnotwendigkeit erlebt und schließlich berechtigt ist, von Freiheit als von einer bloßen Illusion zu reden.

Der sogenannte Materialismus ist keine abstrakte Theorie: Es ist das ganz reale, zunehmende Abhängigwerden des menschlichen Geistes von den unabänderlichen Gesetzen der Materie. Sein Denken wird dem Menschen auf diesem Weg letztendlich nur noch zu einem Spiegel der äußerlichen Vorgänge. Sein Geist kennt dann nur noch tote Bilder, mit denen er, wie in der modernen Wissenschaft und Technik, bloß das ebenfalls Leblose in der Außenwelt erkennen und beherrschen kann. Schon Immanuel Kant behauptete, dass der Mensch nicht imstande sei, das Lebendige zu erfassen. Was ein so abgetöteter, seelenloser Menschengeist in der modernen Zeit erzeugen konnte, ist lediglich eine Welt von Maschinen und – mit Blick auf die schauerliche Kriegsmaschinerie – eine Welt des Todes und der Zerstörung. Der Weg nach unten macht die Seele des Menschen immer tierähnlicher in ihren Naturtrieben und den Geist immer maschinenhafter, immer mechanischer in seinem Denken. Er wird sich dann fragen, ob ein Computer nicht doch besser denken kann als er, wenn schon das Internet soviel mehr «weiß», als ein Mensch je wissen kann.

Das Umgekehrte geschieht, wenn jeder Vorgang der «Inkarnation», der Verkörperung des individuellen menschlichen Geistes oder Ichs, zur Erlösung, zur Befreiung der Welt der Materie beiträgt. Dies meint das Christentum, wenn es vom Geheimnis der «Auferstehung des Fleisches», von der Wesensverwandlung oder «Transsubstantiation» von allem Physisch-Leiblichen in den freien Geist des Menschen spricht.

Weibliche Fantasie und männlicher Tatendrang

In einem Vortrag vom 4. Januar 1922 deutet Rudolf Steiner darauf hin, dass die Liebe bei der Frau vor allem von der Fantasie ausgeht und immer versucht, Bilder zu formen, während die Liebe beim Mann mehr einen Wunschcharakter trägt, mehr willens- als gefühlsbetont ist. Gerade durch diese unterschiedliche Anlage könnten sie im Leben zu einer täglich neu zu erringenden Harmonie finden.

Es mag sein, dass heute viele Frauen ihre eigene Seele wenig kennen und die Welt der Fantasie, ihren besonderen Beitrag zur Männerwelt, immer mehr aus dem Auge verlieren. Es heißt trotzdem, dass jede Frau, wie unbewusst oder verschüttet auch immer, seit jeher in ihrer Seele ein Idealbild des Menschen trägt und es in jedem Menschen wieder finden möchte. Dass der ideale Mensch auf dieser Erde nur schrittweise verwirklicht werden kann, ja, dass er oftmals nur ganz andeutungsweise vorhanden ist, ist für die Frau selbstverständlich und auch gar nicht so wichtig, weil das Bild des Menschen in ihrer Seele dadurch nicht beeinträchtigt wird. Sie liebt dieses Bild über alles, es lebt in ihr in all seiner Schönheit als ein umfassendes *Ideal,* in das hinein sie ihre ganze Fantasie webt. Da kann sie keine Abstriche machen, da will sie keinen Kompromiss schließen.

Der Mann hingegen versteht von diesem Geheimnis vollendeter Schönheit wenig bis gar nichts, weil er all seine Kräfte darauf verwendet, sich durch eine nach außen gerichtete Tätigkeit zu verwirklichen. Er erlebt den Puls der Zeit in den Errungenschaften der Industrie, der Technik, des Verkehrs- und Finanzwesens. Auch für die Frau möchte er oft gern etwas in der äußerlichen Welt Sichtbares schaffen. Der Mann fragt: Was nützen all die schönen Ideale, wenn wir in der greifbaren Wirklichkeit doch immer so weit hinter ihnen zurückbleiben müssen? Für den Mann zählt vor allem das, was der Mensch mit seinen eigenen Händen schafft. Er liebt den «Erfolg», der auch äußerlich sichtbar wird. Selbstbewusst zeigt er anderen gern, was er in dieser Welt erreicht oder geschafft hat, er redet gern von Entwicklung und meint damit nicht selten das unbegrenzte Wirtschaftswachstum und den unaufhaltsamen Fortschritt der Technik. Er ist stolz auf seinen berechnenden Verstand, der die Welt immer mehr zu beherrschen imstande ist. Er kann sich blitzschnell zwischen Denken und Handeln hin- und herbewegen, weil er die Seele dazwischen – die für ihn so umständliche Welt der Gefühle – allzu gern überspringt. Er lebt oft genug wie ein Geist ohne Seele – der kalte Verstand – und dann gleich wieder wie ein Körper ohne Seele: durch das energische Zupacken in der materiellen Welt.

Und die Frau, die ohne Seele weder leben noch handeln kann, sucht allzu oft die «Emanzipation», die Befreiung aus ihrer Einsamkeit durch Vermännlichung ihres Wesens. Im zermürbenden Wettbewerb mit den Männern fühlt sie sich genötigt, «ihren Mann zu stehen», was oft dazu führt, dass sie auch noch den letzten Hauch von Weiblichkeit in ihrer Seele preisgibt.

Das Vollmenschliche lebt einerseits vom *Ewigen*, das die Frau in ihrer Fantasie hütet und schützt, andererseits von dem, was im Nacheinander der *Zeit* vollbracht wird, was die Menschen in Freiheit sichtbar machen, worin der Mann sein Leben und seinen ganzen Stolz sieht. Im Fortpflanzungsakt treibt der Mann mit seinem Samen aus dem weiblichen Ei die alten formgebenden Kräfte aus, um den neuen Platz zu machen, die das Neugeborene mit sich bringt. Und die Frau empfängt in ihrem Körper das Urbild des Menschen, das in ihrem Kind Fleisch werden will. Neun Monate lang trägt sie in ihrem Schoß das Geheimnis der Menschwerdung, die ewige Schwangerschaft ihrer Seele.

So nährt sich die weibliche Seele von den Urbildern der Fantasie, während der männliche Geist danach strebt, Tag für Tag, Stück für Stück die Welt zu erobern. Die Frau möchte ihren übersinnlichen Schatz, das vollkommene Bild des Menschen, in sich bewahren. In ihrer Seele strebt alle Materie zum Geist hin, in ihr will der Geist immer wieder der Welt der Materie Seele und Leben einhauchen.

III.
LIEBE UND TOD
WER WIRD WEN BESIEGEN?

Liebe, Tod und Sexualität

Die Menschen haben schon immer um den geheimnisvollen Zusammenhang zwischen Geschlechtlichkeit, Liebe und Tod gewusst und dieses Wissen in Mythen und Kunstwerken zum Ausdruck gebracht. Diese Dreiheit umfasst alle Bereiche des menschlichen Lebens: In der Sexualität walten die Naturkräfte, die den Körper hervorbringen, in der Liebe finden alle Kräfte der Seele ihren Einklang, und der Tod ist zweifellos die einschneidendste Erfahrung des Menschengeistes.

Das in vielen Kulturen wiederkehrende Bild der Vertreibung aus dem «Paradies» will nichts anderes darstellen als den allmählichen, zunächst unbewusst verlaufenden Prozess einer immer tieferen Verbindung des Menschen mit der Materie, mit seinem Körper. Der Abstieg des Menschen aus der göttlich-geistigen Heimat, so heißt es, ging einher mit der stufenweisen Verdunkelung seines Bewusstseins. Solange er sich noch als Teil einer geistigen Welt erlebte, konnte er kein unabhängiges Selbstbewusstsein entwickeln. Erst das gänzliche Eintauchen in seinen physischen Körper, der ihn von der übrigen Welt absonderte, machte es ihm möglich, selbständig zu denken und zu handeln, sich als ein ganz eigenständiges Wesen zu empfinden. Allerdings verlor er damit weitgehend auch das Bewusstsein seines geistigen Ursprungs. Dieses wiederzugewinnen, es sich aus eigener Kraft zurückzuerobern, ohne sein Selbstbewusstsein aufzugeben, das ist zugleich die Bestimmung und die Berufung des Menschen.

Auch die Fortpflanzung vollzog sich in uralten Zeiten in einem schlafähnlichen Zustand, ohne dass der Mensch mit seinem Bewusstsein daran teilnehmen konnte. Sie geschah auf ähnliche Weise, wie manche körperlichen Vorgänge noch heute ohne Beteiligung des menschlichen Bewusstseins ablaufen. Man braucht nur an die Verdauung zu denken, die ja ebenso wie die Fortpflanzung ein natürlicher Vorgang ist. Nicht auszudenken, wenn unser Magen nur immer auf unseren Befehl hin arbeiten würde. Er bewältigt eine Aufgabe, von der der Mensch nicht den leisesten Schimmer hat, und genau das ist notwendig für eine gesunde Verdauung. Überhaupt merkt der Mensch, dass er einen Magen hat, nur dann, wenn er ihm wehtut, wenn er nicht ganz in Ordnung ist. Die Probleme fangen in dem Augenblick an, in dem das Bewusstsein des Menschen auf den Plan tritt.

Durch die immer tiefere Verbindung mit dem Körper kamen dem Menschen auch seine sinnlichen Triebe und Empfindungen immer deutlicher zum Bewusstsein. Er erlebte sie nicht nur, sondern konnte sie auch als solche erkennen. Ein neugeborenes Kind oder auch ein Tier empfindet seinen Körper nicht weniger als ein erwachsener Mensch, aber es deutet solche Empfindungen nicht, wie das für einen Erwachsenen selbstverständlich ist. Es kann nicht über seine Lust oder seinen Schmerz, über Hitze oder Kälte nachdenken und somit auch nicht Stellung nehmen oder frei damit umgehen. Der erwachsene Mensch aber kann das, er kann sagen: «Oh, wie wohl ist es mir! Es geht mir gut, also mache ich weiter so.» Oder er kann sagen: «Nein, so geht es mir schlecht! So kann ich nicht weitermachen, ich muss unbedingt etwas ändern. Das Zimmer ist zu kalt geworden, ich schließe das Fenster.»

Wenn es in der Menschheitsentwicklung eine Kindheitsstufe gegeben hat, in der alle Menschen ihrem Bewusstsein nach wie kleine Kinder waren, müssen damals auch die Fortpflanzungskräfte durch den Menschen hindurchgewirkt haben, ohne dass er sie sich zum Bewusstsein bringen konnte. Erst im Laufe der Entwicklung – so wie heute erst im Laufe des Lebens – muss das menschliche Bewusstsein mehr und mehr auch in die Zeugungskräfte «hineingefallen» sein, so dass der Mensch immer bewusster und freier mit ihnen umgehen konnte. Erst dadurch wurde es ihm möglich, die Fortpflanzungskräfte von ihrem natürlichen Zweck loszulösen, um nur das Erleben der Lust für sich zu behalten.

Wenn eine Handlung *bewusst* vollzogen wird, entscheidet die Absicht, die der Mensch dabei verfolgt, wesentlich über ihren Wert und Sinn. Auch bei der Zeugung begannen zunehmend die Gedanken des Menschen eine entscheidende Rolle zu spielen. Eltern tun sich immer schwerer, das Kinderkriegen einfach hinzunehmen, ohne es aus ihrem freien Willen heraus gewollt zu haben. Früher sagten die Leute: «Sie sind ein Geschenk Gottes», und vielleicht sagen es manche noch heute. Aber in ihren Gedanken, mit

Blick auf ihre Lebensplanung, hätten vielleicht manche Eltern gern auf eine «übertriebene» Großzügigkeit Gottes verzichtet.

Im Zeugungsakt wirken Kräfte, welche in ihrer Natur auf die Zeugung hin orientiert sind, aber heute ist es weitgehend dem freien Willen des Menschen überlassen, wie er sie einsetzt. Von Natur aus wirken die Geschlechtskräfte «uneigennützig», weil sie dazu dienen, einem anderen Menschen zu einem Erdenleben zu verhelfen. Wenn der Mensch aber die starke Wollust, die diese Kräfte erzeugen, mit Ausschluss der Zeugung genießen will, gebraucht er im «egoistischen» Sinne, rein für sich, was von Natur aus der Verkörperung eines anderen Menschen dient.

Der Umgang mit den Geschlechtskräften ist also immer mit der Entscheidung verbunden, Leben zu geben oder Leben zu verweigern. Der Geschlechtsakt kann sowohl ein Akt tiefster Liebe sein, der einem Menschen die Möglichkeit gibt, sich zu verkörpern, als auch ein Akt der vollendeten Eigenliebe und des Selbstgenusses. Die Eigenliebe ist der unumgängliche Anfang der Liebe, aber der Mensch entwickelt sich nur weiter, wenn er die Selbstliebe immer weiter «ausdehnt», um immer mehr Menschen so zu lieben, wie er sich selbst liebt. Wenn der Geschlechtstrieb eine radikale Form der Eigenliebe ermöglicht, dann ist er selbst die größte Herausforderung, die einseitige Selbstliebe zu überwinden. Diejenige Kraft der Liebe ist die stärkste, welche den größten Egoismus besiegen kann.

Der Mensch kann auf mancherlei Art seinen Körper missbrauchen – so auch beim Essen und Trinken, beim

Schlafen und Wachen –, worunter er dann selbstverständlich auch seelisch und geistig leidet, weil sein wertvollstes Werkzeug dadurch weniger brauchbar wird. Wenn der Mensch die Fortpflanzungskräfte zweckentfremdet, kann dies nicht ohne tiefe Wirkung auf sein ganzes Wesen bleiben. In diesem Bereich entscheidet sich in hohem Maß das Schicksal der menschlichen Entwicklung hin zu Freiheit und Liebe.

Der Tod als Geschenk der Liebe

Die vielleicht tiefste Verfinsterung seines Bewusstseins erlebt der Mensch, wenn er in seinem Denken dort die höchste Stufe der Freiheit und der Liebe zu erkennen meint, wo ihr vollständiger Mangel erlebt wird. Das Erleben eines Höchstmaßes an Ichbezogenheit, das Aufgehen in den Trieben des eigenen Körpers, kann nur von einem zutiefst «gefallenen» Denken als Ausdruck wahrer Liebe betrachtet werden. Das Wesen des Menschen ist das denkende Bewusstsein. Die tiefste Stufe des «Sündenfalls» kann nur ein Bewusstseinszustand sein, der das Gute und das Böse nicht mehr voneinander unterscheiden kann, der nicht mehr weiß, was den Menschen liebender und freier macht und was nicht. Der Zustand eines Denkens, das Liebe und Egoismus miteinander verwechselt, kann als «tragisch» bezeichnet werden: Kein Mensch kann in seinem Leben die richtige Richtung einschlagen, der in seinem *Denken* die falsche für die richtige hält.

Daran schließt sich die Frage an: Was ist der Sinn des Todes, des Verlassens des Körpers? Ein Mensch, der nicht sterben könnte, würde sich mehr und mehr mit seinem Körper eins fühlen, würde sich von anderen Wesen völlig isolieren, unfähig jeder Anteilnahme am anderen, weil ihm die Erfahrung fehlen würde, was er außer seinem Körper noch ist. Ein Mensch, der nicht sterben könnte, würde nur noch das erleben, was durch den Körper bedingt ist. Die Seele musste sich im Laufe der Entwicklung immer tiefer mit dem Körper verbinden, damit sich der Mensch wirklich als eigenständiges Wesen erleben kann. Aber diese Verbindung darf nicht so weit gehen, dass der Mensch völlig im Erlebnis des Körpers aufgeht. Um ihm die Möglichkeit zu geben, sich als Geist zu erfahren, wurde ihm der Tod geschenkt, die Möglichkeit, den Körper eine Zeit lang ganz zu verlassen, um in einer rein geistigen Welt die Gewissheit wiederzugewinnen, dass er Geist unter Geistern ist.

Zwei entgegengesetzte Erlebnisse veranschaulichen den Zusammenhang zwischen Liebe, Geschlechtlichkeit und Tod – das sind die sinnliche Wahrnehmung einerseits und der geschlechtliche Körpergenuss andrerseits. Für jede Wahrnehmung ist der Körper das notwendige Werkzeug: Der Mensch baut mit der Geburt einen Körper auf, der ihm die Welt von den verschiedensten Gesichtspunkten wahrnehmbar macht. Jede Wahrnehmung ist eine Herausforderung an den Menschen, durch das Denken den entsprechenden Begriff zu finden. Durch sein Denken erkennt der Mensch seinen Zusammenhang mit der Welt, er kann seinen gemeinsamen Ursprung mit ihr immer besser durchschauen. Die Sinne seines Körpers sind wie Tore zur Welt, welche eine nie aufhörende Spannung zwischen Selbst- und Nächstenliebe, zwischen Leben im Körper und Leben in der Welt ermöglichen.

Ganz umgekehrt ist es beim Genuss der Geschlechts- kräfte unter Ausschluss der Zeugung. Da wird die Eigen- liebe nicht als notwendige Voraussetzung für die Nächsten- liebe erlebt – im Streben nach dem Gleichgewicht beider –, sondern sie schließt die Liebe zu dem aus, der sich ver- körpern möchte. Wenn der Tod im Laufe der Entwicklung nicht aufgetreten wäre, wenn sich der Mensch nie als rein geistiges Wesen erfahren könnte, würde er durch die Versu- chung des einseitigen Körpergenusses allmählich ganz der Eigenliebe verfallen, weil diese mit Naturnotwendigkeit wirkt, die Liebe zur Welt und zu den anderen Menschen dagegen nur aus der Freiheit heraus zustande kommt und auch immer versäumt werden kann. So kann der sogenann- te «Sündenfall» als Fall in die Sonderung durch den Kör- per verstanden werden. Nicht das Bewusstsein von dieser Sonderung ist ungut, denn das Sicherleben als Einzelwesen durch den Körper ist die notwendige Voraussetzung für die Freiheit. Ungut und damit unglücklich wird der Mensch, wenn er es versäumt, zu der naturgegebenen Eigenliebe aus freiem Willen die Liebe zum anderen Menschen hinzuzu- gewinnen. Er kann nur glücklich sein, wenn sein Körper nicht einseitig dem Selbstgenuss dient, sondern der Eigen- und der Nächstenliebe in gleichem Maße.

Ein Körper, der mit mineralischer Materie erfüllt ist, ermöglicht immer nur einen gewissen Wechsel zwischen

Egoismus und Altruismus, denn zwei Menschen können ganz eins werden nur, wenn sie sich gegenseitig sozusagen ganz «durchdringen» können. Die Materie lässt aber ihre Durchdringung nicht zu und verhindert so die vollkommene Einswerdung von zwei Menschen. Sie können zwar in ihren Überzeugungen einen ähnlichen Standpunkt teilen, aber in der physischen Welt, also körperlich, ist es ihnen ganz unmöglich, auf demselben Punkt zu stehen, zusammen einen einzigen «Standpunkt» einzunehmen.

Das Ziel aller Entwicklung der Liebeskräfte kann deshalb nur sein, den Körper immer weiter zu «vergeistigen» und damit zu entmineralisieren, um ihn von seinem undurchdringlichen Element zu befreien. Erst so wird ein Leben in sich selbst und gleichzeitig im anderen ermöglicht. Wie schwer es auch für ein materialistisches Denken vorstellbar sein mag: Eigenliebe und Nächstenliebe werden eins, wenn der Mensch, genauso wie er in sich selbst lebt, auch im anderen aufleben kann. Wenn die Entwicklung des Menschen auf die Vergeistigung alles Leiblichen zielt und wenn diese Vergeistigung nur durch die Arbeit des Menschen an seiner ganz individuellen Befreiung von der Materie eintritt, dann ist offenkundig, dass eine solche Entwicklung lange Zeiträume erfordert, wozu ein einziges Leben und ein einziger Tod keinesfalls genügen. Verhängnisvoll, geradezu tragisch ist es aber für den Menschen, wenn er die Richtung der Entwicklung verkennt, wenn er das Sichabschließen im Körpergenuss, die Sackgasse der Entwicklung, nicht nur gutheißt, sondern weiter verstärkt.

Sag nicht zu schnell: «Ich liebe dich ...»

Der Körper ist der Niederschlag aller Bedürfnisse eines Menschen, deshalb ist er auch der Ort der großen Gegensätze, all der Dinge, die sich gegenseitig ausschließen: Der meinen Hunger stillende Teller kann nicht gleichzeitig einen anderen sättigen, der mir gegenüber sitzt. Niemand könnte denken, er befriedige mit seinem eigenen Essgenuss die Bedürfnisse eines anderen oder er liebe den anderen gar, nur weil er mit ihm am selben Tisch sitzt und gemeinsam mit ihm isst. Im Geschlechtsleben kann hingegen leicht der Eindruck entstehen, man liebe den anderen, wenn man seinen Körper benutzt, um sich selbst Lust und Genuss zu bereiten.

Man kann sich vielleicht fragen, warum man nicht auch hier, ähnlich wie es schon vorn im Text getan wurde, ein gutes Wort für die «erste Liebe», für die Eigenliebe, einlegen sollte. Warum sollte es nicht möglich sein, wenn meine Eigenliebe die Befriedigung meines Geschlechtstriebes verlangt, ihr nicht noch die Liebe zur Befriedigung des Geschlechtstriebes für den anderen hinzuzufügen?, heißt es doch: Liebe deinen Nächsten wie dich selbst. Diese Frage kann man nur beantworten, wenn man auf die Tatsache näher eingeht, dass die Selbstsucht immer mit einer gewissen Selbsttäuschung einhergeht.

Man nehme an, jemand sei in Sachen Geld ein Erzegoist, der sich umso glücklicher fühlt, je mehr Geld er anhäufen kann. Aber eines Tages bekommt er Lust, ab sofort dafür zu sorgen, dass auch seine Mitmenschen möglichst zu Geld kommen. Was folgt daraus? Er wird den finanziellen Belangen anderer mehr Aufmerksamkeit schenken, er wird sich auch um das Vermögen der anderen kümmern. Vielleicht kommt er auf die Idee, es mit Aktien an der Börse zu versuchen. Aber früher oder später wird er dahinter kommen, wie die Börse funktioniert: Eine kleine Zahl von Menschen kann nur dadurch zu mehr Geld kommen, dass viele andere es verlieren. Er wird die Entdeckung machen, dass nur dann alle sich ohne Ausnahme gegenseitig fördern können, wenn jeder seinen Geiz, seine Geldgier besiegt und stattdessen immer mehr Gemeinschaftssinn entwickelt. Aber das hätte wahrscheinlich zur Folge, dass sein eigenes Vermögen sich mit der Zeit verkleinerte, seine Freude an der Nächstenliebe dafür entsprechend vergrößerte.

Es liegt in der Natur der Sache: Wenn man sich anderen zuwendet, wenn man sich um ihre Belange kümmert, sich für ihr Wohl einsetzt, entsteht überhaupt eine ganz neue Art zu denken und zu leben. Auf dem Wege der gegenseitigen Förderung, der wohlwollenden Zuwendung, wird jede Art von einseitigem Egoismus allmählich abgestreift. Nicht dadurch kann man den anderen Menschen wie sich selbst lieben, dass man zwei Egoismen unverändert nebeneinander stehen lässt oder gar addiert. Gegenseitige Liebe ist nur möglich, wenn jede Seite ihren Egoismus mehr und mehr überwindet.

In einem persischen Märchen ist die Rede von einem jungen Mann, der auf der Pilgerreise zu einem Heiligtum einem Mönch begegnet, mit dem er gemeinsam ein Stück seines Weges weitergeht und seine Mahlzeiten teilt. Bevor sie einander Lebewohl sagen, fragt der junge Mann den Mönch nach seinem Namen, welcher ihm nur sehr zögernd gesteht, er sei der Engel des Todes. «Dann sag mir, wann ich sterben werde», will der junge Mann wissen, und der Engel antwortet: «Du wirst in deiner Hochzeitsnacht sterben.» Daraufhin schlägt der junge Mann viele Jahre lang zur großen Verwunderung aller jede Ehe aus, bis er auf Drängen seiner alten Eltern endlich sein Geheimnis preisgibt. Diese versuchen ihm seine Angst zu nehmen, reden ihm gut zu und raten ihm, ruhig zu heiraten, denn wenn es so weit sei und der Engel des Todes komme, würden sie an seiner Stelle hervortreten und dem Engel ihre alten Seelen überlassen. Es gelingt ihnen auch, den inzwischen dreißigjährigen Sohn zu überzeugen, endlich eine Frau zu finden, und als die Hochzeitsnacht naht und das Brautpaar sich bei der Hand fasst, erscheint tatsächlich der Engel des Todes. Der herbeigerufene Vater zögert nicht, ihm wie versprochen seine Seele anzubieten, jedoch als der Engel sie ihm bis zur Brust herausgezogen hat, ändert er seine Meinung und will seine Seele doch lieber behalten. Da eilt die Mutter herbei, um dem Engel die ihre zu geben, aber als dieser sie ihr bis zum Hals herausgezogen hat, bereut auch sie ihr Opfer und wünscht es ebenfalls rückgängig zu machen. Am Ende tritt die Braut hervor: «Ich will nicht schuld sein am Unglück meines Bräutigams», sagt sie zum Engel des Todes, «deshalb nimm mich». Aber als der Engel des Todes ihr die Seele bis zur Nase herausgezogen hat, erschallt die Stimme Gottes: «Lass sie beide in Frieden. Als Belohnung für die Opferbereitschaft der Braut schenke ich diesem Paar dreißig Jahre gemeinsamen Lebens!»

In den Bildern dieses Märchens kommt das Geheimnis der unauflöslichen Bande zwischen Liebe, Geschlechtlichkeit und Tod auf schönste Weise zum Ausdruck. Um nicht für die Liebe zu sterben, ist ein anderer Tod erforderlich: Der Mensch muss sich selbst opfern, er muss alle seine Egoismen abstreifen. Der unfreie Drang des Triebes verliert seine beherrschende Kraft, sowie der Mensch seine Aufmerksamkeit dem anderen zuwendet. Diotima sagte es bereits zu Sokrates: Zuerst verliebt man sich in den Körper des anderen, dann lernt man die Wärme seiner Seele lieb gewinnen und schließlich das Licht seines Geistes. Der seelische Tod, den die körperliche Begierdenhaftigkeit dem Menschen bereitet, kann von der Seele durch die Liebe zum Geist in eine innere Neugeburt verwandelt werden.

Was seit jeher als «Weg der Läuterung» bezeichnet wird und was der heutige Materialismus gern als Sache derjenigen belächelt, die es einfach nicht fertig bringen, «das Beste im Leben» – womit die Freuden der Sinne gemeint sind – zu genießen, will eigentlich nichts als der Weg der Liebe sein. Es ist das Bestreben, den andern nicht zum Werkzeug der eigenen ichbezogenen Begierde zu machen, sondern zum Ziel hingebungsvoller Liebe. Sich selbst aus Liebe zum anderen zu reinigen, bedeutet nicht, seine Triebe krampfhaft zu unterdrücken oder gar sich weltfremd zu geißeln. Es bedeutet vielmehr, seine Triebe als das *verstehen* zu wollen, was sie in Wirklichkeit sind und was sie, ungeläutert, nicht nur in einem selbst, sondern auch im anderen bewirken. Es bedeutet, sich immer mehr von all dem befreien zu wollen, was einen unfrei macht, um dem geliebten Menschen in der Freiheit der Liebe begegnen zu dürfen.

«Ich liebe dich, weil ich auch ohne dich leben kann»

Die Seele ist der Quell aller Wünsche, der Körper ist der Ursprung aller Bedürfnisse: Die Seele sucht die Begegnung mit der Seele des anderen, während der Körper nichts anderes tun kann, als in sich abgeschlossen zu bleiben. Und als freie Geister können zwei Menschen ganz eins werden, dank der Erkenntnis, die jeder vom Wesen des anderen erlangen kann.

Der Mann sucht, wenn auch nur halb bewusst, in der Frau die eigene Seele, ohne die Kraft des verstandesmäßigen Denkens verlieren zu wollen, und die Frau sucht im Mann den denkenden Geist, ohne dabei ihre Seelenwärme aufgeben zu müssen. In dieser gegenseitigen Umarmung von Frau und Mann, von Seele und Geist, kann der ursprüngliche Adam wieder aufleben, der beides, männlich und weiblich war. In dieser Einswerdung wird die Ewigkeit, welche die Frau zur Frau macht, eins mit der Zeit, die den Mann zum Mann werden lässt, indem er von einer Errungenschaft zur nächsten voranschreitet.

Hier stellt sich die Frage, ob die Liebe denn tatsächlich etwas Unsterbliches ist. Wahre Liebe kann niemals sterben, sagt das Gemüt der Frau, das in dem leben möchte, was ewig ist. Der Gedanke, dass ihre Liebe eines Tages sterben könnte, bereitet ihr Angst. Heute ist die Liebe mein Alles, fragt sie sich, und der Tag soll kommen, da sie nicht mehr besteht?

Weil alles Körperliche früher oder später stirbt, kann von der Liebe nur das absterben, was auf den Körper beschränkt ist. Aber nichts muss im Menschen auf den Körper beschränkt bleiben. Im Körper kann sich eine Liebe «verkörpern», die unsterblich ist, weil sie allem Unsterblichen gilt. Wenn ich die Seele und den Geist in mir und im anderen liebe, mache ich meine Liebe unsterblich wie unsere Seelen, ewig wie unseren Geist.

Alle mit dem Körper gemachten Erfahrungen werden vermenschlicht, wenn die Seele und der Geist sie in sich aufnehmen. So ist es mit den Wahrnehmungen, wenn das Denken die ewige Idee in ihnen findet. Alle Dinge können so vergeistigt, von ihrer vergänglichen Natur befreit und dem Ewigen «einverleibt» werden. So kann auch die Liebe alles Vergängliche überwinden und damit selbst unvergänglich werden. Jeder Mensch ist in dem Maße unsterblich, in dem er all das denkt und liebt, was niemals stirbt.

Was tut ein Mensch, der zeit seines Lebens fast nur Bedürfnisse erlebt hat, die nur durch den Körper befriedigt werden können, wenn er gestorben ist und keinen Körper mehr hat? Der Nahrungstrieb dient der Erhaltung und der Gesundheit des Körpers, er hat Bestand, solange der Körper da ist, und hört mit dem Tod auf. Aber der Feinschmecker, dessen Lieblingsbeschäftigung Essen und Trinken ist, trägt in sich Begierden, welche über das für die Selbsterhaltung Nötige hinausgehen und die mit Gesundheit wenig zu tun haben. Diese stammen nicht von seinem Körper, sondern von seiner Seele.

Nach dem Tode ist der Körper nicht mehr da, wohl aber die Seele mit jenen Leidenschaften, die nicht mehr befriedigt werden können, weil dazu der Körper erforderlich wäre. Dem Verstorbenen bleibt nichts anderes übrig, als sich vor Sehnsucht zu verzehren: Er muss alle leibbezogenen Begierden regelrecht verbrennen, um das schreckliche Leiden loszuwerden, das dadurch erzeugt wird, dass er sie nicht mehr befriedigen kann. Alle Religionen sprechen übereinstimmend von jenen Flammen des «Fegefeuers», welche die Seelen der Verstorbenen von allen nach dem Körper verlangenden Begierden reinigen. Was für die Freunde der guten Küche gilt, gilt nicht weniger für Menschen, denen «Sex» alles im Leben bedeutet.

Wenn der Mensch nach all dem strebt, was niemals vergeht, wenn er vor allem die Seele und den Geist in allen Menschen über alles liebt, wird er sich in seiner Liebe unsterblich fühlen. Und nach seinem Tod wird er erst recht, im Reich der Seelen und der Geister, seine Liebe noch viel stärker und beseligender erleben können. Wer so lebt, fürchtet sich auch nicht mehr vor dem Tod, denn gerade eine solche Angst verrät, dass man noch ganz am Anfang des langen Weges zur Liebe steht. Die Liebe wird in dem Maße unsterblich gemacht, in dem es gelingt, das Unsterbliche in jedem Menschen über alles zu lieben.

Die Liebe, die den Tod nicht kennt

Jeder Mensch, der Liebeskräfte im Überfluss hat, genug nicht nur für die Selbst-, sondern auch für die Nächstenliebe, verdankt diese Kräfte all denen, die seine Entwicklung ermöglicht haben. Jeder kann nur so viel lieben, wie er selbst von anderen geliebt worden ist. Für jeden Menschen, der reich an Liebeskräften geworden ist, gab es viele Menschen, die ihm die Gelegenheit gegeben haben, in seiner Entwicklung voranzukommen. Wo auch immer jemand eine Fähigkeit erwirbt, verdankt er dies der Tatsache, dass es andere gibt, die in irgendeiner Weise für sich selbst darauf verzichten, ganz gleich, ob dieses Opfer bewusst oder unbewusst dargebracht wird. Derjenige, der viel lieben kann, hat für seine Liebe die Belohnung schon bekommen, er hat in der Vergangenheit die Liebe erfahren, die es ihm jetzt ermöglicht, selbst zu lieben. Wahre Liebe wird immer als Gegenliebe erlebt, sie ist untrennbar mit Dankbarkeit verbunden. Wer wahrhaft liebt, weiß, dass er mit seiner Liebe nur zurückgeben möchte, was er der Entsagung anderer aus vergangenen Zeiten verdankt.

Wer in einer Beziehung meint, mehr zu lieben als sein Freund, oder wer klagt, dass er sich vom Egoismus des anderen ausgenutzt fühlt, könnte sich fragen: Wenn ich wirklich mehr lieben kann als der andere, wie bin ich dann zu diesen Kräften der Liebe gekommen? Der Mensch, der von mir heute mehr Liebe verlangt, als er mir geben kann, fordert vielleicht die Liebe zurück, die er mir in einer fernen Vergangenheit geschenkt hat. Wer viel lieben kann, ist ein großer Schuldner. Das ist wiederum ein Geheimnis der Liebe: Der Liebende sieht im Geliebten den ehemals Liebenden und in dem Bettler um Liebe denjenigen, der an ihn seine ganze Liebe verschenkt hat.

Im «Mitleid» für die Liebebedürftigkeit des anderen erlebt der Liebende, wenn auch oft nur unbewusst, die eigene Sehnsucht, dem anderen die Liebeskräfte zurückzugeben, die ihm gehören, weil der andere ihm in der Vergangenheit mehr gegeben als von ihm empfangen hat. Zu den schönsten Bildern der christlichen Evangelien gehört die Fußwaschung, wo es heißt: Der Christus beugt sich in seiner Liebe vor seinen Jüngern nieder und wäscht ihnen die Füße. Er tut dies mit Dankbarkeit, und sagt ihnen ausdrücklich, dass er niemals hätte zum Lehrer werden können, wenn keine Jünger da wären, er hätte niemals der Erlöser der Menschheit werden können, wenn es keine Menschen gäbe, die einer Erlösung bedürftig wären und sich nach ihr sehnten. Auch jede Mutterliebe ist, wenn tiefer gelebt, eine Gegenliebe, denn jede Mutter verdankt ihrem Kind ihr Muttersein. Wer im Geliebtwerden den Lohn seiner Liebe sucht, ist noch bedürftig, ist ein Bettler um Liebe – wer hingegen den Lohn der Liebe im Lieben findet, der ist reich an Liebe. Die Freude dessen, der sich geliebt fühlt, ist vergänglich, die Liebe hingegen, die sich verschenken darf, ist unvergänglich. Wer von der Liebe lebt, lebt die ganze Zeit in der Ewigkeit. Wer wenig liebt, braucht für sein Selbstwertgefühl den Erfolg seiner irdischen Taten. Wer viel liebt, erlebt in seiner Liebe den dauerhaften «Erfolg» aller Erdenentwicklung.

In der Beziehung zwischen zwei Menschen ist immer der eine aufmerksamer und liebevoller als der andere. Er ist derjenige, der besser einsehen kann, dass gewisse Schwierigkeiten nur überwunden werden, wenn er mehr Liebe in die Beziehung einbringt, als der andere vielleicht zu geben in der Lage ist. Er wird sich sagen können: Meine Liebeskräfte habe ich vielleicht vor allem denen zu verdanken, die sich jetzt am meisten danach sehnen, die jetzt ganz und gar darauf angewiesen sind. Wer jemandem begegnet, der in der glücklichen Lage ist, mehr lieben zu können, sehnt sich vielleicht danach, an dieser Liebe teilzuhaben, weil er einmal selbst zu ihrer Entwicklung beigetragen hat.

Jeder kann nur das geben, was er hat, und alles, was ein Mensch hat, hat er einstmals empfangen – nicht direkt von einem Gott, der irgendwo hoch oben über den Wolken thront, sondern auf dem Wege seiner Begegnungen mit Menschen. Niemand ist reich an Liebe, dem dieser Reichtum nicht von der gesamten Menschheit geschenkt worden wäre, indem sie ihn an einer Überfülle an Schönem und Gutem hat teilhaben lassen, die von allen kommt und für alle bestimmt ist. Nicht anders ist die Beziehung des Magens zur Niere und umgekehrt: Jedes Organ bekommt alles ihm Nötige vom Organismus und gibt alles wieder zurück.

Wer dankbar dafür ist, dass er viel lieben kann, wird sich niemals ausgenutzt fühlen, selbst wenn der andere, der vielleicht weniger lieben kann, daraus seinen Vorteil zieht. Es gehört zu den offenbaren Geheimnissen der Liebe, dass man sie gar nicht ausnutzen kann. Wenn der dreißigjährige Sohn die Großzügigkeit der Mutter, die ihm ihr Konto zur

Verfügung gestellt hat, jenseits jeder Schamgrenze «ausnutzt», so wird sie vielleicht energisch eingreifen und dem ein Ende bereiten. Aber wenn sie voller Liebe ist, wird sie es nicht deshalb tun, weil sie sich ausgenutzt fühlt, sondern weil der Sohn auf diese Weise *sich selbst* schadet. *Ihm zuliebe* verbietet sie ihm das vermeintliche Ausnutzen. Wenn das gut für seine weitere Entwicklung wäre, würde sie sich freuen, weiterhin «ausgenutzt» werden zu können.

Eine junge Mutter mit kleinen Kindern, die das große Glück hat, überschäumende Kräfte der Liebe zu haben, wird auf keinen Fall zulassen, dass ihr Mann im Haushalt niemals einen Finger rührt. Aber nicht deshalb, weil sie sich sonst ausgenutzt fühlt, sondern weil sie nicht ertragen kann, dass der Mensch, den sie liebt, mit seinem Egoismus sich selbst schadet – was letztendlich auch noch schlecht auf die Kinder wirken würde. Eine andere Mutter wird sich vielleicht in einer ganz ähnlichen Lage ausgenutzt fühlen, das ist wohl möglich und auch menschlich, aber das bedeutet nur, dass ihre Liebe noch nicht die Stufe der «Unausnützbarkeit» erreicht hat.

Und das ganz Verblüffende ist: Wer sich in seiner Liebe ausgenutzt fühlt, wird es schwerer haben, dem «Ausnutzer» eine Grenze zu setzen, als derjenige, der sich nie ausgenutzt fühlt. Dieser kümmert sich weniger um seine Gefühle als um das Wohl des geliebten Menschen: Seine starke Liebe gibt ihm die Kraft, ganz unerbittlich vorzugehen, wenn dies für das Gedeihen des anderen erforderlich ist. Wer sich dagegen ausgenutzt fühlt, empfindet unbewusst, dass er dem Egoismus des anderen nur sich selbst zuliebe eine Grenze setzen möchte. Und weil seine Liebe noch nicht vollkommen ist, findet er oft nicht die Kraft, unnachgiebig zu bleiben. Wer nur um seiner selbst willen streng mit dem anderen umgeht, wird leicht von Gewissensbissen geplagt. So ein schlechtes Gewissen wirkt dann aber zugleich wie eine Aufforderung, sich weiterzuentwickeln. Echte Liebe kann niemals ein schlechtes Gewissen bewirken, weil sie selbst das gute Gewissen des Menschen ist.

Wahre Liebe freut sich, «nützlich» zu sein, sie kann dabei immer nur reicher werden. Je mehr die anderen einen Nutzen daraus ziehen, umso reicher wird sie, und umso mehr wird sie sich «nutzbar» machen. Ein Ausnutzen im verbrauchenden oder gar aufbrauchenden Sinne bleibt ganz ausgeschlossen. Der Egoist schadet allenfalls sich selbst, er kann aber der Liebe des anderen nichts anhaben. «Aber der andere macht mir das Leben schwer, das geht doch nicht», mag vielleicht jemand einwerfen. Dem kann man erwidern: Wenn du meinst, der andere mache dir das Leben schwer, heißt das nichts anderes, als dass du die Kräfte deiner Liebe noch weiterentwickeln kannst.

Je mehr Gelegenheiten die Liebe ergreifen kann, sich zu verschenken, umso «liebe-voller» wird sie: Sie hat es umso weniger nötig, sparsam mit sich selbst umzugehen oder sich rar zu machen. Wer wirklich liebt, weiß, dass die Selbstbezogenheit des anderen die eigene Liebe nur wachsen lassen kann. Niemand kann einem Liebenden etwas Böses antun, weil die Liebe die Kraft ist, die alles Böse der Welt in ein Gutes verwandelt. Wer die Kraft hat, auch jemanden, der ihn ausnutzt, von Herzen zu lieben, verstärkt nur seine Liebe, er macht sie wahrhaft unsterblich. Wer die Liebe des anderen ausnutzt, hat sie am meisten nötig; den wird ein wahrhaft Liebender am allermeisten lieben wollen. Einem Menschen, der mehr Liebe braucht, kann man mehr Liebe schenken als einem, der selber viel lieben kann.

Und wie viel Leid kann die Liebe ertragen? Es ist ein anderes Geheimnis der Liebe, dass jeder Mensch so viel «mitleiden» kann, wie er selbst zu leiden fähig ist. Die Kräfte der Liebe werden durch Leiden erzeugt, und der wahrhaft Liebende ist nicht weniger für das Leiden dankbar wie für die Liebe. Dem, der liebt, ist das Leiden heilig, weil es den Menschen erst befähigt, zu lieben. Wie kann die Liebe über das Leiden klagen, wenn sie ihm alles verdankt, was sie ist und was sie vermag? Wer liebt, weiß um dieses Geheimnis der Untrennbarkeit von Leid und Liebe, und verlangt von dem, der vielleicht weniger leiden durfte, nicht mehr Liebe, als er zu geben vermag. Das moralische Gewicht eines Menschen ist seine Fähigkeit zu lieben, und seine Liebe hat das Gewicht seiner Leidensfähigkeit. Und nicht derjenige Mensch ist leidensfähiger, den schwere Schicksalsschläge von außen treffen, sondern derjenige, der selbst bei einem äußerlich friedlichen Leben das Leiden anderer Menschen ganz verinnerlichen, ganz zu seinem eigenen machen kann. Wenn ein junger Mensch schwer an Krebs leidet, werden nicht alle seine Freunde auf die gleiche Weise mit ihm leiden können. Der eine wird vielleicht innerlich gleichgültig bleiben, ein anderer ein tiefes Mitgefühl empfinden, jeder nach seiner Fähigkeit zu leiden und zu lieben.

Je mehr Anliegen anderer Menschen ein Liebender in

seinem Herzen mittragen kann, umso stärker wird seine Liebe, umso tiefer seine Dankbarkeit. Wer für das ihm geschenkte Leiden dankbar ist, wird niemals mehr oder weniger oder anderes Leiden suchen wollen, als die Weisheit des Schicksals ihm entgegenbringt. Die Liebe weiß, dass nur eine höhere Weisheit als die menschliche das für jeden richtige Maß an Leiden kennt. Wer den Segen des Leidens erlebt hat, weiß, dass er alles Leiden in unsterbliche Liebe verwandeln kann, in die kostbarste Perle der Erdenwelt, die selbst nichts anderes ist als kristallisiertes, geläutertes Leiden.

Gedanken, Worte und Taten der Liebe

Die Erfahrung der Liebe geht immer einher mit der Erfahrung von Tod und Neuanfang. Man kann nicht lieben, ohne zu wählen, und wählen heißt immer auf etwas verzichten. Jedes Mal, wenn man etwas hinter sich lässt, stirbt man innerlich ein wenig, ein Teil vom Menschen bleibt zurück: ein Teil, der zu ihm gehörte oder zu ihm hätte gehören können.

Vor allen Dingen im körperlichen Bereich muss die Liebe immer wieder wählen, denn alles Körperliche wirkt durch seine Natur ausschließend. Wenn eine Frau einen Mann als Vater ihres Kindes wählt, muss sie alle anderen Männer davon ausschließen, sie muss auf alle anderen als Vater ihres Kindes verzichten. Die *Taten der Liebe*, die ich mit meinen Händen ausführe, gelten zumeist auch nur einigen wenigen Menschen. Andere werden von meinen Handlungen nicht unmittelbar berührt. Und den wenigen Menschen in meinem näheren Umfeld dienen sie auch nur zu ihren Lebzeiten. Einem Verstorbenen kann ich keinen Kuss geben, ich kann ihm kein gutes Essen zubereiten, nicht mit ihm ins Theater gehen.

Der Mensch, der seine Liebe im alltäglichen Leben durch Taten ausdrückt, für die sein Körper als Werkzeug dient, muss darauf verzichten, es gleichzeitig auch für andere zu tun. Dafür wird er aber ein großer Schatz im Leben der Menschen sein, die er begleitet und die sich ihn zur Begleitung gewählt haben. Diese werktätige Liebe wird unsterblich durch das, was sie in das Gemüt der Menschen gießt und was sie so durch die Menschen vergeistigt.

Die Taten der Liebe «verkörpern» die Liebe im Hier und Jetzt, in Raum und Zeit. Die *Gedanken der Liebe* kennen solche Beschränkungen nicht. Im Denken kann die Liebe alle Menschen, alle Welten erreichen. Und die schönste Art, einen anderen Menschen zu lieben, ist die, ihn so zu denken, wie er werden möchte, ihn in seinem wahren Wesen zu erkennen und in diesem Licht seine vielleicht nicht immer vollkommenen Handlungen verstehen zu wollen.

Wenn ich in meiner Liebe zu meinem Nächsten durch meine Gedanken dem diene, was er für andere Menschen ist, dann liebe ich durch ihn alle Menschen. Dies ist eine Liebe, die jeden Menschen als Teil eines viel größeren Ganzen begreift, das sich aus den Einzigartigkeiten aller Menschen bildet, die so und nicht anders sein können. Jeder gehört und dient dem Ganzen in seiner besonderen Weise, wie jedes Organ im menschlichen Körper dem ganzen Organismus gehört und dient. Wer den anderen in seiner Einzigartigkeit begreift und liebt, liebt durch ihn auch die ganze Menschheit. Mit dem Tod können nur die äußerlichen Taten der Liebe aufhören; alle Gedanken und Gefühle der Liebe, die den Taten Leben gegeben haben, bleiben diesseits und jenseits der Todesschwelle erhalten, sie sind unsterblich wie die Menschen, denen sie gelten.

Die *Worte der Liebe* bilden zwischen Gedanken und Taten eine Brücke. Wenn sich die Liebe in ihren Taten einen Leib schafft, wenn sich der Mensch im Denken als Geist erkennt, so ermöglichen Worte das Gespräch zwischen Seele und Seele. Wer kennt nicht die heilende Kraft liebender Worte? Worte der Verzeihung, des Trostes, der Stärkung. Wie mutig können liebende Worte machen und wie glücklich! Die Worte eines Liebenden können zu einem kostbaren Schatz werden, die die Seele des Geliebten nie wieder verliert. Ein Mensch, der sich auch nur ein einziges Mal in seinem Leben wirklich geliebt gefühlt hat, wird diese Liebe in aller Ewigkeit nicht vergessen.

Staunen, Mitleid und Gewissen: die dreimal unsterbliche Liebe

Seit etwa dem sechsten vorchristlichen Jahrhundert traten in der Menschheit drei neue Fähigkeiten auf, die in engem Zusammenhang stehen mit der Verkörperung des Wesens, das die Liebe selbst ist und damals sein Erscheinen auf der Erde vorbereitete: Die Fähigkeit des *Staunens* trat bei den frühen griechischen Philosophen auf; die Lehre vom *Mitleid* wurde von Buddha in die indische Kultur getragen; und die Kraft des *Gewissens*, der Moralität, wurde der große Beitrag der hebräischen Kultur.

Die Griechen wiesen als Erste darauf hin, dass der Ursprung der Philosophie, der Liebe zur Weisheit, in der Fähigkeit zu staunen gegeben ist. Und das stimmt auch, denn die Welt kann nur ein Mensch wirklich verstehen, der durch sie in Verwunderung versetzt werden kann. Der Genius der Sprache kommt auch hier zu Hilfe: Die *Ver*wunderung vor den Erscheinungen der Welt verwandelt sich in eine *Be*wunderung, die lauter Wunder um sich herum erblickt. Die Welt zu lieben heißt sie mit den staunenden Augen eines Kindes anschauen. Alles ist für das Kind wundervoll, ist wunderschön, ja wunderbar. Das «erwachsene Kind» kann bewusst und frei das Wundervolle der Welt in sein Denken, das Wunderschöne in sein Fühlen und das Wunderbare in sein Wollen aufnehmen und so das dreifache Wunder der Liebe auch in seinen Handlungen vollbringen.

Die Liebe hört niemals auf, über den Geliebten zu staunen, sie ist jeden Tag für neue Überraschungen empfänglich, bereit für immer neue Entdeckungen. Die Fähigkeit zu staunen erzeugt Herzensinteresse, das Interesse erhöht die Aufmerksamkeit, und die Aufmerksamkeit ist der unversiegbare Quell für die moralische Fantasie der Liebe. Nur derjenige vermag Welt und Mensch immer tiefer zu erkennen, der über die Tatsache staunen kann, dass er die

Dinge sozusagen außerhalb seiner selbst wahrnimmt. Platon wusste noch, dass in jedem Menschen eine unbewusste Erinnerung an all das lebt, was er vor seiner Geburt, noch bevor er in den physischen Leib einzog, in einer rein geistigen Welt erlebt hat. Dort lebte der Mensch nicht außerhalb der anderen Wesen, nicht außerhalb der Dinge, sondern war eins mit ihnen, er nahm sich selbst wahr als mitten unter ihnen lebend.

Die physischen Sinne lassen den Menschen auf der Erde eine Welt wahrnehmen, die ihm gegenübersteht, eine Welt, die so aussieht, als sei sie außerhalb von ihm. Jede Sinneswahrnehmung ist die Erfahrung einer Entfremdung von der Welt, sie scheint auf einen Abstand zwischen den Dingen und dem Menschen hinzudeuten. Sie fordert das Denken heraus, Begriffe zu bilden, um wieder in das Innere der Dinge einzutauchen. Das Denken verwandelt jede Wahrnehmung in einen geistigen Funken und lässt die Welt Stück für Stück im Geist des Menschen wieder aufleuchten. Die ganze Welt leuchtet im Denken dem Menschen buchstäblich ein.

Es kommt einem das Kind in den Sinn, das Raffaels *Sixtinische Madonna* auf dem Arm trägt und in dessen rätselhaften Augen dieses ganze Erstaunen, ja beinahe ein Erschrecken zum Ausdruck kommt – vor einer Welt, die sich vom Menschen losgelöst hat und nunmehr mit allem, was sich in ihr abspielt, außerhalb des Menschen erscheint. Kein Wunder, dass Kinder niemals müde werden, Märchen zu hören; die Welt der Märchen ist eine Welt voller Wunder und das Kind staunt und staunt und ruft aus: «Oma, erzähl das *nochmal*!» Es ist ja noch nicht lange her, dass es aus den Weiten des Himmels herabgestiegen ist, und deshalb verspürt es noch das starke Bedürfnis, wieder und wieder in diese Weiten einzutauchen.

Zur selben Zeit, da die alten Griechen vom Staunen als dem Anfang der Philosophie sprachen, brachte der Buddha dem Orient die tiefe Erkenntnis von Mitleid und Liebe. Er erweckte in der Menschheit das Bewusstsein, dass alles Leid nur durch Mitleid überwunden werden kann. In dieser höchsten moralischen Forderung liegt das Wesen des Buddhismus. Und ihre Erfüllung fand sie wenige Jahrhunderte später, als das Wesen voller Liebe allen Menschen die wirksamen Kräfte der Liebe brachte. Das Bedeutsame des Christentums liegt nicht in irgendeiner Theorie, sondern in der umfassendsten Liebestat, die je auf Erden vollbracht wurde. Das Wesentliche des Christentums ist das Wesen der Liebe selbst, es ist seine den Geist der Menschen erleuchtende, ihre Herzen erwärmende, ihre Taten erkraftende Liebe.

Im Staunen liebt der Mensch durch seinen denkenden Geist; im Mitleid liebt er mit Geist und Seele; in der moralischen Verantwortung für Erde und Mensch, in der Gewissenhaftigkeit im Handeln, liebt er mit Geist, Seele und Körper. Die geistige Liebe verkörpert sich durch die Hände des Menschen in seinen guten Taten.

Die Tatsache, dass sich ein moralisches Gewissen im einzelnen Menschen herausbilden konnte, verdankt die Menschheit dem besonderen Beitrag des hebräischen Volkes, einem Beitrag, der als Vorbereitung auf das Erscheinen des Messias, des großen Entwicklungsideals aller Menschen, geleistet wurde. Das Volk des Monotheismus, der Religion des einen Gottes, ist dasjenige, das auf vorbildhafte Weise die Kräfte des individuellen Ich aufbauen konnte, welches die Kraft hat, die moralische Verantwortung für sein Handeln zu übernehmen.

In älteren Zeiten gab es noch nicht einmal ein Wort, mit dem man das individuelle Gewissen hätte bezeichnen können. Der Gott der Juden, Jahve, weist schon in seinem Namen auf die Würde des einzelnen Menschen hin. Jahve heißt etwa: «Ich bin». Der Jahve-Mensch sagt sich: Ich bin ein Ich, ich bleibe mir gleich im Wandel der Zeit, ich bin derselbe, der ich gestern war, der ich heute bin und ich werde morgen dasselbe Ich bleiben. Die Folgen meiner Taten dürfen auf mich zurückwirken, weil mein Ichbewusstsein bestehen bleibt. Ich erlebe in mir den Willen, eigene Verantwortung für mein Tun und Handeln zu übernehmen.

Lieben heißt aus sich herausgehen, die Einsamkeit überwinden, die man in seinen persönlichen Bedürfnissen erlebt, um sich den anderen Menschen zuzuwenden. In ihrer Wirksamkeit in der Welt geht die Liebe drei Wege: den Weg des *Denkens*, den Weg des *Herzens* und den Weg des *Gewissens*. Im staunenden Erkennen ist es der Geist, der liebt; im Mitleid liebt der Mensch mit seiner Seele; im gewissenhaften Handeln durchdringt die Liebe den ganzen Körper und macht aus dem Menschen, was er schon immer werden will: die verkörperte Liebe.

Der Tod ist ein Übergang,
die Liebe ein Neuanfang

Der Tod ist keine objektive Wirklichkeit, er ist eine Illusion des menschlichen Bewusstseins. Wirklichkeit ist nur die Angst der mit dem Körper verbundenen Seele vor dem Tod, weil sie fürchtet, mit dem Körper könnte sie selbst auch vergehen, mit allem, was an Gedanken und Idealen in ihr lebt. Aber diese Angst erfüllt eine wichtige Aufgabe: Durch seine Todesangst wird der Mensch darauf aufmerksam, dass das körperfreie Leben seines Geistes nach dem Tode keine bloße Gabe der Natur sein wird, sondern vor allem eine Errungenschaft seiner Freiheit. Bei jedem Menschen bleibt nach dem Tod so viel Seele und Geist übrig, wie er sich im Leben durch seine Freiheit hat erringen können. Unsterblichkeit ist nicht gleich Unsterblichkeit – von jeder Menschenseele bleibt nach dem Tod so viel unsterblich, wie sie geliebt hat, und von jedem Menschengeist so viel, wie er schöpferisch gedacht hat. Nur die Liebe kann die Seele unsterblich machen, und eine große Liebe macht ein reiches, geselliges Leben nach dem Tode möglich. Nichts von dem, was im Herzen des Menschen lebt, kann verloren gehen, es bleibt alles über den Tod hinaus unversehrt bestehen.

Zu Beginn ihrer Entwicklung, so heißt es in den heiligen Schriften aller Religionen, fühlten sich die Menschen auch während des irdischen Daseins in der geistigen Welt zu Hause. Die anfänglich nur leise Berührung mit der Materie konnte den Menschen noch nicht dem Geist entfremden. Und der Tod verursachte damals noch nicht diese schreckliche Angst, in ein bodenloses Nichts zu fallen, weil die Menschen ihr Leben lang mit geistigen Wesen und mit ihren Verstorbenen Umgang pflegen konnten. Sie wussten aus Erfahrung, dass sterben so viel bedeutet wie ein Ortswechsel. Wenn jemand starb, war es für sie, als verlasse er diesen Ort, um dicht nebenan wieder aufzutauchen.

Man stelle sich einmal vor, man wäre nicht der hartgesottene Materialist von heute. Man nehme an, man lebe auch nicht in dem derzeit üblichen Glauben, die gesamte innere Welt – Erkenntnis, Liebe, Moral – sei nur eine «Ausdünstung» des physischen Gehirns. Man stelle sich dann noch vor, man wäre ein Mensch, für den Gedanken und Gefühle auch ohne den Körper Bestand haben können, für den alle Steine, Pflanzen und Tiere, die ganze herrliche Welt der Sinne, zwar wirklich, für den jedoch die Gedanken und Taten der Liebe und was der Mensch sonst alles aus seiner Freiheit heraus vollbringt, noch viel wirklicher wären. Man nehme weiter an, man könnte sich als ewiger Geist erleben, der die Materie des Körpers nur vorübergehend anzieht, um sich auf dieser Erde in der Kunst der Liebe zu üben, und der dann die körperliche Hülle wieder ablegt, um im Geistigen die Früchte seiner Liebe zu ernten. Wenn es so wäre, was wäre dann für einen solchen Menschen der Tod? Er wäre doch nur der Übergang von einem Glückserlebnis zum anderen.

Und was würde ein Mensch, der die Dinge so erlebt, sich nach dem Überschreiten der Todesschwelle sagen? Er würde sagen: «Ich habe einige Jahre auf der Erde in einem

Leib verbracht, der aus Materie bestand und daher nur eine kurze Lebensdauer haben konnte … Ein bisschen schwer und auch ein wenig beengt habe ich mich darin schon gefühlt … Hier oben, wo ich körperlos bin, fühle ich mich wesentlich leichter und freier … Aber es war eine schöne Herausforderung, in der beengten Welt der Erde da unten mit all ihren Unfreiheiten und Zwängen sich als ein freier Geist zu behaupten! Und die Liebe, die ich auf der Erde geben konnte, ist schon etwas ganz anderes als die Liebe, die man hier oben erlebt … Was die irdische Liebe so schön macht, ist doch, dass sie durch und durch erlitten, ganz und gar dem Leid abgerungen wird … Deshalb macht mir jetzt die Liebe, die ich von da unten mitgebracht habe, noch mehr Freude als zu meinen Lebzeiten. Aber sieh doch nur, wie mir die dort unten nachweinen! Die denken, ich sei tot … Wenn die nur wüssten!»

Der Tod ist die große Täuschung des «gefallenen» Bewusstseins, eines Bewusstseins, das die unsterbliche Wirklichkeit der Liebe nicht mehr kennt. Er ist die begründete Angst des lieblosen Menschen, nach seinem Tod ohne Liebe leben zu müssen. Vom Tod als von einer vollen Wirklichkeit kann nur der Mensch reden, dessen Liebe zu allem Übersinnlichen und Ewigen tot ist. Die Liebe zum Geist ist das Tor zur Welt des Geistes, nur durch diese Liebe wird der Mensch sich selbst befreien. Was ein Mensch liebt, ist auf ewig in seinem Herzen verankert. Je tiefer ein Mensch liebt, desto stärker erlebt er auch, was an ihm unsterblich ist.

Kann ich einen geliebten Menschen je verlieren?

Wenn man sich trennt oder scheiden lässt, mag es manchmal so aussehen, als verschwände der andere für immer aus dem eigenen Leben. Wenn zwei Menschen weit voneinander entfernt leben, gilt die Entfernung nur, insoweit man die Sache rein äußerlich betrachtet. Menschen sind aber weitaus mehr als nur ihre aus sichtbarer Materie bestehenden Körper. Deshalb kann sich jeder fragen: Was bleibt vom anderen in meinem Innern nach einer Trennung oder Scheidung zurück? Auf diese Frage kann jeder die Antwort geben: Es bleibt in mir die ganze Liebe, die ich für ihn hege. Wenn mit der Trennung auch die «Liebe» verschwindet, heißt das nicht, dass die Liebe vergänglich ist, es heißt vielmehr, dass sie niemals da gewesen ist.

Die Liebe, die wirklich vorhanden ist, hört nie auf zu sein. Es liegt in der Natur der Liebe, dass sie niemals sterben kann. Liebe ist unkündbar, sie kann, auch in der räumlichen Entfernung, nicht anders als sich treu bleiben. Eine der stärksten Erfahrungen der Liebe kann der Mensch in der Entfernung vom geliebten Menschen machen, wenn dieser körperlich weit weg ist. Die Sehnsucht nach ihm kann ihn viel stärker anwesend sein lassen, als wenn er äußerlich da wäre. Wenn sich ein Mensch vor Liebessehnsucht verzehrt, ist der geliebte Mensch in ihm anwesend – und wie!

Rein äußerlich betrachtet, ist der Tod die entschiedenste Form der Trennung. Er ist zugleich die Aufforderung an die Zurückgebliebenen, den Verstorbenen in ihren Herzen weiterleben zu lassen. Die uns durch ihren Tod verlassen, nehmen ihr Sichtbares weg, in der Hoffnung, dadurch in unserer Seele noch stärker anwesend sein zu dürfen als ihnen das im Körper möglich war. Mit dem Tod endet das Leben nebeneinander und es kann ein Leben ineinander beginnen – vor seinem Tod lebt der geliebte Mensch neben mir, nach seinem Tod kann er in mir leben. Es ist schön, wenn man die Menschen, die man liebt, um sich hat, noch viel schöner ist es, wenn man sie in sich, in seinem Herzen tragen kann.

Und wie könnte der Zurückgebliebene, der ihn ein Leben lang geliebt hat, anders, als sich mit dem Hingegangenen zu freuen? Wenn der Mensch in sich eingeschlossen bleibt, als Gefangener seiner selbst, überfällt ihn angesichts des Todes eines Freundes eine grenzenlose Traurigkeit, weil der geliebte Mensch ihm fehlt. Das ist verständlich, das ist menschlich – der Ausdruck vollkommener Liebe ist es jedoch nicht. Die Tränen, die man um einen Verstorbenen vergießt, sind Tränen der Eigenliebe. Man fühlt sich allein gelassen, wie verlassen von dem Menschen, der den Platz an unserer Seite ausfüllte. So widersprüchlich es auch wieder klingen mag, es ist dennoch wahr: Je stärker die Liebe wird, desto mehr gelingt es ihr, Mitfreude mit dem zu erleben, der nach Erfüllung seiner Lebensaufgabe die Erde nur scheinbar verlassen hat und den die Traurigkeit der Zurückgebliebenen nur traurig stimmen kann. Wer die Kraft findet, sich mit dem Verstorbenen zu freuen, macht die Freude auf beiden Seiten vollkommen.

Mit den Verstorbenen zu leben, bedeutet, so zu lieben, wie sie lieben. Und sie können sicherlich besser lieben als die Lebenden, weil ihr Bewusstsein weit heller ist, denn sie haben alle Schranken der sichtbaren Welt hinter sich gelassen, einer Welt voller Ichbezogenheit und Eigenliebe. Sie wissen jetzt, was sterben heißt: Es heißt, alle Selbstsucht Stück für Stück in reine Liebe zu verwandeln.

Die Toten sprechen unaufhörlich zu den Lebenden. Sie sind geistig immer bei ihnen und haben ihnen unendlich viel mitzuteilen. Es liegt an den Zurückgebliebenen, wenn sie ihre Worte nicht vernehmen. Viele Menschen sind heute so materialistisch gesinnt, dass es ihnen ist, als gäbe es die Verstorbenen nicht. Es scheint, als seien die sogenannten Toten stumm, in Wirklichkeit aber sind die sogenannten Lebenden taub geworden.

Der Mensch macht seine Liebe unsterblich, indem er lernt, sich mit seinem geliebten Verstorbenen in der Sprache des Geistes auszutauschen. Es ist, als spielten die Toten unaufhörlich eine Melodie oder ein Lied auf den vier Saiten einer besonderen Violine, als wollten sie den Lebenden damit eindringlich die vier Lebensweisen ihrer Seele mitteilen.

Die erste Saite handelt von der Einswerdung:

*«Ich fühle mich eins mit allen Wesen,
ich habe jede Trennung überwunden.»*

Liebe ist für die Lebenden das Streben nach Aufhebung jeglicher Trennung, und für die Toten gibt es keine Entfernung, keine Trennung mehr. In der Welt des Geistes leben alle Wesen ineinander gegliedert.

Die zweite Saite handelt von der Dankbarkeit:

«Ich lebe in Dankbarkeit
und danke allen und allem.»

Jenseits des Todes zu leben heißt begreifen, was jeder jedem anderen verdankt, dem er aufgrund seines Schicksals begegnen durfte. Die Toten leben in der Gewissheit,
dass ihnen alles, was sie sind, geschenkt wurde, dass jeder
menschliche Geist das, was er werden durfte, der ganzen
Welt verdankt. Sie ahnen schon voller Freude voraus, was
sie in Zukunft alles zurückgeben werden.

Die dritte Saite handelt vom Vertrauen:

«Ich blicke voller Vertrauen in die Zukunft.»

So singen die Toten, denn sie wissen jetzt, dass jeder
Mensch sich nur weiterentwickeln kann, wenn er den anderen Menschen hilft – in einer Welt, die jedem immer das
Beste bietet, immer das, was er für sein Weiterkommen
braucht. Die Toten leben im gegenseitigen Vertrauen und
im Vertrauen zu uns, die wir auf der Erde zurückgeblieben
sind. Sie durchschauen die Geschicke der Menschheit und
wissen, dass der Sinn der Erde die menschliche Liebe ist.

Auf der vierten Saite erklingt die vierte Melodie:

«Die Liebe, die ich hier oben erlebe,
macht mich immer jünger.»

Dieselbe Zeit, die in ihrem Verlauf die Lebenden in ihren
Körpern immer älter werden lässt, lässt die Toten in ihrer
Liebe immer jünger werden. Auch das ist eines der Wun-
der der Liebe: Wenn die Lebenden ein Liebesgespräch mit

den Toten pflegen, werden sie mehr und mehr an ihrer Liebe teilhaben können, einer Liebe, die auch während des Lebens auf der Erde das Herz des Menschen umso jünger machen kann, je älter sein Körper wird. Man kann mit achtzig dem Leben gegenüber so offen sein wie ein kleines Kind, mit Augen voller Staunen, mit einer Seele voller Verwunderung.

Gut zu leben heißt, die Liebe so stark werden zu lassen, dass sie jeden Tod in eine Auferstehung des Geistes verwandeln kann. Die vier Liebesbotschaften der Verstorbenen können vier Arten der Liebe in den Lebenden erwecken:

- die Liebe zum Tod,
- die Liebe zum täglichen Sterben,
- die Liebe zu den Sterbenden,
- die Liebe zu den Verstorbenen.

Franz von Assisi nannte den Tod seinen Bruder. Das war eine geniale Intuition der Liebe, denn nur derjenige kann den Tod geschwisterlich lieben, der in ihm die Krönung des Lebens sieht, das Aufleben in einer Welt des Lichtes und der Liebe.

Wer auf den Tod mit Dankbarkeit blicken kann, wird auch das tägliche Sterben lieben können. Wo Bewusstsein und Liebe ihre Kraft entfalten, zehren sie am physischen Organismus. Es ist traurig, älter werden zu müssen, ohne gleichzeitig sein Bewusstsein zu erweitern und seine Liebe zu vertiefen. Aber es ist das größte Glück des Lebens, dem voranschreitenden Alter, der zunehmenden Gebrechlichkeit des Körpers, ein unaufhörlich sich erweiterndes Bewusstsein, eine immer tiefer werdende Liebe zu verdanken.

Wem der Tod und das tägliche Sterben lieb geworden sind, wird auch die älteren Menschen, die sich auf ihren Tod vorbereiten dürfen, in sein Herz schließen können. Jedem Sterbenden, der sich auf die letzte Weihe des Lebens vorbereitet, um in die geistige Welt einzutreten, gilt die tiefste Liebe.

Nach seinem Tod erlebt der Verstorbene die zerstörerischen Wirkungen seiner Eigenliebe und die heilsamen seiner Liebe. Das tägliche Gespräch mit den Toten kann zu einer Schulung in der Liebe werden, wo der auf der Erde Lebende lernt, die Eigenliebe im Schmelztiegel der Nächstenliebe zu läutern. Und die Liebe zu den schon Dahingegangenen wird die irdische Liebe immer reiner machen können.

IV.
LIEBE UND VERNUNFT
DIE LOGIK DES HERZENS IST ANDERS

Denkgesetze des Verstandes und
Beweggründe des Herzens

Logik und Liebe verhalten sich zueinander wie Kopf und
Herz eines Menschen. Zu den schönsten Dingen im Leben gehören die tausend Funken, die von der inneren Spannung erzeugt werden, die zwischen den klugen Gedanken
des Kopfes und den weisheitsvollen Ahnungen des Herzens
herrscht. Die Logik des Kopfes will für jede Handlung, die
der Mensch ausführt, eine vernünftige Begründung finden,
aber das Herz hat seine eigenen Beweggründe, die meist
von ganz anderer Art sind als die des Verstandes. Das Warum und das Wie des Herzens hängen niemals nur an einem
dünnen Faden, wie dem der Logik, sondern kommen aus
der Tiefe der Lebenserfahrung, aus Bereichen, in denen
man mit dem Verstand allein nicht weiterkommt.

Jeder Mensch lebt in diesem heilsamen Spannungsfeld
von Gedanke und Gefühl, von Überlegung und Erlebnis.
Wenn eine Seite die andere zu unterdrücken droht, wenn
ein inneres Ungleichgewicht entsteht, fühlt sich der Mensch
unglücklich. Dies kann sogar zu körperlichen Krankheiten
führen, denn die eigentliche Ursache einer Krankheit liegt
niemals im Körper, in rein materiellen Vorgängen: Im Körper eines Menschen drückt sich immer etwas aus, was sich
zuvor in seiner Seele oder in seinem Geist abgespielt hat.

Wenn von Verstand und Liebe die Rede war, betrachtete man lange Zeit den Verstand als eine Sache des Mannes und die Herzenskräfte suchte man bei der Frau. Wenn das heute auch niemand mehr so einseitig sehen würde – die vielen Schattierungen und Ausnahmen sind allzu offensichtlich –, so bleibt dennoch eine deutliche männliche Neigung zum eher trockenen, intellektuellen Denken, während vielen Frauen die Gemüts- und Herzenskräfte wichtiger sind als der Verstand. Dabei strebt jeder Mensch, bewusst oder unbewusst, nach einem gesunden Einklang all seiner Kräfte, denn nur im Zusammenspiel von dem, was der Verstand von einem verlangt, und dem, wohin das Herz einen führen will, findet jeder letztlich sein Glück. Es kommt darauf an, immer besser zu wissen, wann man mehr der vernünftigen Überlegung folgen und wann man dem Herzen die führende Rolle geben soll. Man kann nicht sagen, dass das eine wichtiger oder besser sei als das andere, jedes leistet seinen unverzichtbaren Beitrag zum Glück des Menschen. Es gibt keine zwei Menschen, bei denen die Fähigkeiten von Liebe und Vernunft, von Hingabe und Klugheit in der gleichen Weise verteilt sind, denn auch das innere Gleichgewicht jedes Menschen verändert sich ständig.

Gerade dieses bewegliche Zusammenspiel der inneren Kräfte macht jede Begegnung, jede Beziehung zwischen Menschen so spannend. Was die Liebe zwischen zwei Menschen besonders wertvoll macht, ist gerade die Möglichkeit, die jeder hat, dem anderen das zu geben, was bei ihm selbst weniger entwickelt ist. Gäbe es nicht in jedem Menschen die immer neuen Veränderungen dieses Gleichgewichts zwischen den Kräften des Verstandes und des Herzens, gäbe es keinen Mangel, keine Schwankungen, keine Störungen – dann gäbe es auch keine Entwicklung mehr. Einen solchen «arbeitslosen» Menschen gibt es zum Glück nicht, denn ihm würde gerade das Allerschönste im Leben fehlen: immer unterwegs zu sein, jeden Tag ein neues Gleichgewicht der Kräfte hervorzuzaubern.

Ein Mensch, bei dem die Herzenskräfte überwiegen, hat es vielleicht schwer, die Wichtigkeit des Denkens für das Leben einzusehen. Das logische Denken ist aber unabdingbar, immer wenn es darum geht, die Welterscheinungen unvoreingenommen und sachlich in den Alltag einzuordnen, um sich nach ihnen richten zu können. Keiner kann verlangen, dass die Welt sich nach ihm richtet, aber jeder kann von sich selbst verlangen, sich nach der Welt zu richten, sich der jeweiligen Lebenslage entsprechend zu verhalten. Um das zu tun, muss der Mensch die Welt immer besser in ihrer objektiven Wirklichkeit erkennen können, was nur mit Verstand und Vernunft, mit der Sachlichkeit eines wissenschaftlich geschulten Denkens erreicht wird.

Für den Herzensmenschen wird der Sinn vieler seiner Begegnungen im Leben gerade darin liegen, von anderen angeregt zu werden, die Wichtigkeit des Verstandes zu entdecken, das Denken lieben zu lernen. Rein gefühlsmäßig neigt er dazu, sich zu fragen, wozu all die trockenen Theorien gut sein sollen. Mit Herzenswärme kommt man doch viel weiter, meint er. Genau deswegen aber lässt ihn das Schicksal immer wieder Menschen begegnen, die zu ihm sagen: «Weißt du was, mit deiner warmen Liebe, die dich so selig macht, kann ich wenig anfangen. Wenn du mir wirklich helfen willst, versuche, auch einmal deinen Kopf arbeiten zu lassen! Du kannst nur dann behaupten, dass du mich lieb hast, wenn du dich auch bemühst zu *verstehen*, wie ich bin. Deine Gefühlsduselei allein bringt absolut nichts. Am besten wäre es, wenn du mit kühlem Verstand die objektive Sachlage ins Auge fassen könntest.» – Natürlich ist der Verstandesmensch nicht immer besonders rücksichtsvoll im Umgang mit dem Herzensmenschen; Rücksichtnahme ist nicht gerade seine Stärke. Das Schicksal behandelt jedoch jeden angehenden Schwärmer mit besonderer Liebe, wenn es ihn mit Kopfmenschen zusammenbringt. Und ein Herzensmensch wird dankbar sein für diese Hilfe, um auch die Glückserfahrung des Denkens machen zu können. Er wird dem Verstandesmenschen mit umso tieferer Innigkeit des Herzens die Liebe geben, die diesem fehlt.

Zu dem Menschen, der immer nur überlegt, überlegt und nochmals überlegt, bei dem die zwischenmenschlichen Beziehungen eher etwas unterkühlt sind, weil er nicht so recht weiß, was er mit seinem Herzen anfangen soll, werden die Menschen, denen er begegnet, vielleicht sagen: «Was hast du eigentlich von deinem stolzen Verstand? Was nützt es dir, immer Recht zu haben, wenn du weder Liebe geben, noch entgegennehmen kannst? Werde selig mit deiner unfehlbaren Logik, ich jedenfalls kann damit nichts anfangen und suche mir lieber andere Menschen!» Ein mit seinem Scharfsinn protzender Mensch, der sich obendrein auch noch einbildet, sich niemals zu irren, wird früher oder später unerträglich für seine Umwelt, er wird selbst die besten Freunde aus seiner Nähe vertreiben. Die einseitige Betonung der Vernunft ist ein Zeichen dafür, dass jemand das Gewicht der Herzenskräfte noch nicht ganz ermessen kann. Dem Kopfmenschen fällt es schwer zu verstehen, dass es Dinge im Leben gibt, die nur das Herz versteht.

In der modernen Gesellschaft, die sich einseitig der eisernen Logik von Wissenschaft und Technik verschrieben hat, wo Gefühle und Herzenswärme dem Kult, der mit dem Gehirn betrieben wird, nur im Wege stehen, gibt es immer mehr Menschen, die nicht einmal wissen, dass es auch eine «Logik des Herzens» gibt. Sie leiden unsäglich, wenn ihnen Geschäfte misslingen, wenn sie in der Arbeitswelt Rückschläge erleben, sie kümmern sich nicht um ihr Herz, das ihnen über ihr Leben Unendliches zu sagen hätte, das aber nicht einmal mehr Rückschläge erleben kann, weil es schon aufgehört hat, zu schlagen.

Die innere Beweglichkeit, die sich aus den entgegengesetzten Neigungen von Kopf und Herz ergibt, kann jedem Schritt, den ein Mensch macht, die gesunde Schwungkraft verleihen, die ihn auf seinem Lebensweg voranbringt. Der Verstand hat die Neigung, vor allem auf den Vorteil der eigenen Person bedacht zu sein, und das Herz hat die Fähigkeit, auch das zu berücksichtigen, was für die anderen wichtig ist. Mit seinem Verstand überlegt der Mensch genau, was er selber braucht, in seinem Herzen kann er ein Gefühl dafür haben, was den anderen Not tut. Das Glück des Lebens besteht darin, in jeder Lebenslage sowohl an sich denken, als auch mit dem anderen fühlen zu können.

Je rationeller der Beruf ausgerichtet ist, den ein Mensch

ausübt, desto mehr wird von ihm verlangt, dass er sein Herz aus der Arbeitswelt verbannt und nur die kalte Logik der Zweckmäßigkeit, das Nützlichkeitsdenken, herrschen lässt. Zu Hause wird derselbe Mensch bewusst oder unbewusst umso mehr nach einem Ausgleich suchen, er wird dann vielleicht von den Menschen in seiner nächsten Umgebung, von seiner Familie, all die Gefühle und liebevolle Aufmerksamkeit erwarten, die ihm im Berufsleben versagt bleiben. Er wird sich auf den Standpunkt stellen, dass er schließlich das Recht habe, wenigstens zu Hause ein bisschen «auftanken» zu können. Dabei kommt es ihm nicht in den Sinn, dass man zu Hause nur dann das Herz «beherzigen» kann, wenn es nicht vorher im Büro eingefroren ist.

Vom Herz ohne Kopf zum Kopf mit Herz

Das Wechselspiel zwischen Kopf und Herz, zwischen Vernunft und Liebe, ist, wie alles beim Menschen, unaufhörlich in Entwicklung begriffen. Man kann auch in dieser Beziehung drei aufeinander folgende Stufen unterscheiden: Herz ohne Kopf, Kopf gegen Herz und Kopf und Herz miteinander.

Die erste ist die Stufe der naturgegebenen Liebe, wo das Herz noch sozusagen ohne Kopf zu lieben sucht, hier erlebt der Mensch eine Art natürlicher Vorherrschaft des Herzens. Erst beim Erwachen des selbständigen Denkens kann er sein Leben selbst in die Hand nehmen. Bis dahin wird er von den Kräften der Natur geführt, zu denen auch das Gemüt mit seinen Sehnsüchten und Idealen gehört. Die erste Stufe des Kopf-Herz-Verhältnisses ist eine Art Kindheitsstufe, in der die Gefühlskräfte noch nicht vom rationalen Denken, noch nicht von der Vernunft erleuchtet werden.

So war es offensichtlich auch in der Entwicklung der Menschheit insgesamt. Wenn man nur fünf, sechs Jahrhunderte in der Geschichte zurückgeht, bis zu der Zeit vor dem Aufkommen der modernen Naturwissenschaften, wird man finden, dass die Glaubens- und Herzenskräfte in allen Bereichen des Lebens noch eine weit wichtigere Rolle spielten als jegliche verstandesmäßige Wissenschaft. In der naturgegebenen Liebe einer Mutter zu ihrem neugeborenen Kind sind Eigen- und Nächstenliebe noch nicht richtig voneinander getrennt, zumal das Kind noch kein selbständiges Wesen ist. Einerseits gilt auch in diesem Fall:

Liebe ohne Verstand bleibt Eigenliebe,

andrerseits kann die natürliche Eigenliebe außer dem eigenen Selbst viele andere Menschen umfassen. Erst das Erwachen der Verstandeskräfte engt die natürliche Eigenliebe so ein, dass diese beginnt, sich vor allem um die eigene Person zu kümmern. Andere Menschen, selbst Familienmitglieder, treten dann in den Hintergrund, ein Gefühl von Fremdheit entwickelt sich und die natürlichen und bisher selbstverständlichen menschlichen Verbindungen gehen verloren. Sie müssen in der Folge neu gestaltet werden. Das erfordert eine neuartige Erweiterung der Eigenliebe – diesmal allerdings aus freiem Entschluss –, was zu einer schwierigen, aber auch beglückenden Entwicklungsaufgabe wird.

Beim erwachsenen Menschen reifen die Kräfte des logischen Denkens heran und gesellen sich zu den Gefühlskräften hinzu. Jeder Erwachsene verfügt dann zwar über beides, Herzens- und Verstandeskräfte, aber das Leben sieht ganz anders aus, je nachdem ob der Kopf oder das Herz die führende Rolle übernimmt. Wenn ein Mensch im Jugendalter anfängt, die Macht der Vernunft zu erleben, wird er zunächst dazu neigen, die Stimme des Herzens nicht sonderlich zu achten. Wer ganz auf den kühl berechnenden Verstand, wenn nicht für die Selbstverwirklichung, so wenigstens für die Selbsterhaltung und Selbstbehauptung angewiesen ist, wird schwerlich genügend Zeit und Kraft finden, um auch der Welt der Gefühle volle Aufmerksamkeit zu schenken.

So ist die zweite Stufe der Beziehung zwischen Liebe und Vernunft diejenige, in der das logische Denken die führende Rolle übernimmt. So wie der Mensch seine Pubertät durch eine Abgrenzung vom Mitmenschen erlebt, so erlebt der Kopf auf dieser zweiten Stufe seine eigene Pubertät durch eine Abgrenzung vom Herzen. Das rationale Denken, der Verstand, ist in gewissem Sinne vergleichbar mit der Eigenliebe: Diese kann nicht gleich am Anfang das richtige Gleichgewicht zur Nächstenliebe finden, sie muss sich zunächst einseitig ausprägen, weil jeder Mensch zuerst selbst etwas werden muss, ehe er auch für die anderen etwas sein kann. Nicht anders ist es mit den Kräften des logischen Denkens: Der Mensch kann sie zunächst nur in einer gewissen Abgrenzung zu den Gaben der Natur ausbilden, vor allem zu der naturgegebenen Liebe.

So schaut mancher Verstandesmensch auf den Herzensmenschen herab, weil er meint, dass auch die Liebe, um ganz Ausdruck der reiferen Freiheit des Menschen werden zu können, lernen muss, sich vom Denken, von der Sachlichkeit der Erkenntnis, leiten zu lassen. Auf dieser zweiten Stufe bringt die natürliche Entwicklung den Menschen dazu, den Verstand auf Kosten des Herzens zu bevorzugen. Und gerade diese neue Einseitigkeit, die ihm die Natur gibt, gibt seiner Freiheit die Aufgabe, den Kopf mit dem Herzen zu versöhnen.

So leicht es dem Kopfmenschen fällt, das Unzulängliche der angeborenen Herzenskräfte zu durchschauen, so schwer fällt es ihm, seine eigene Einseitigkeit einzusehen. Ein Kopf, der das Herz nicht würdigen kann, ist nur ein halber Kopf, so wie eine Liebe ohne Vernunft nur der Anfang der Liebe ist. Nur der unreife Verstand kann die Liebe gering schätzen oder gar missachten; das reife Denken macht sich hingegen gern zum Diener der Liebe. Eine Liebe, der die Weisheit des ichbewussten Denkens noch fehlt, ist ein Kind der Natur; der Verstand, dem die Wärme der Liebe mangelt, gehört noch zur seelischen Pubertät des Menschen. Das Reifealter des Menschengeistes ist gekennzeichnet durch sein unaufhörliches Streben nach einer Erkenntnis, welche die Liebe immer bewusster, immer wärmer und freier werden lässt, und durch unauslöschliches Verlangen nach einer Liebe, die nur als Liebe zum Denken immer weiser und einsichtsvoller werden kann.

Je bedeutender die Errungenschaften von Wissenschaft und Technik in der Gesamtentwicklung der Menschheit wurden, je mehr der nüchterne Verstand sich in den Vordergrund drängte, desto mehr hat sich das Kopf-Herz-Verhältnis im Vergleich zu früheren Zeiten umgekehrt. Der Mensch, der nach Wissenschaft strebt, der all seine Kräfte der technischen Beherrschung der Natur widmet, neigt allzu leicht dazu, die Kräfte des Herzens zu verdrängen, die Bedeutung der Liebe zu unterschätzen, wenn nicht sogar völlig zu verkennen.

Keine Frage: Die moderne Wissenschaft ist sehr «kopfig» und sehr wenig «herzig». In ihr spielt die Liebe keine Rolle. Viele Wissenschaftler bestehen immer noch darauf, dass die Ethik bei ihrer Forschung nichts zu suchen habe. Sie tun so, als ob ihre Forschung lediglich einer sachlichen Erkenntnis der Natur und dem Fortschritt des Menschen dienen könnte. Erkenntnis als solche ist zwar immer zu begrüßen, ist unter allen Umständen förderlich für den Menschen, weil mehr Erkenntnis immer mehr Freiheit bedeutet. Nur sehen viele Wissenschaftler entweder nicht oder wollen nicht sehen, wie tief die heutige Forschung in ihren Methoden und in ihren Ergebnissen von den persönlichen Zielen des Forschenden beeinflusst wird. Der Mensch kommt in seinem Streben nach Erkenntnis zu ganz anderen Ergebnissen, je nachdem, ob er den wirtschaftlichen Vorteil im Auge hat oder ob er von einer echten Liebe zur Natur und zum Menschen geleitet wird.

Man stelle sich nur einmal vor, was in einem physikalischen, chemischen oder biologischen Versuchslabor geschehen würde, wenn dort jemand anfinge, in Bezug auf die Forschungsarbeit von der Liebe zu sprechen. «Was hat

128

denn die Liebe hier zu suchen? Was hat sie mit dem zu tun, was wir hier betreiben?», würden die Leute sich wundern. «Die Liebe passt doch überhaupt nicht hierher!», würden sie entrüstet entgegnen. Und doch, die Liebe aus irgendeiner Tätigkeit des Menschen ausklammern, heißt, das Wichtigste im Leben zu ignorieren: nämlich die Frage der Moral, die Frage nach Gut und Böse, der eigentlich der höchste Rang gebührt, die Frage, was wirklich gut ist für den Menschen, was zu seiner Entwicklung beiträgt und was diese Entwicklung behindert.

Das Wesen der Moral ist die Liebe zum Menschen, und moralisch gut ist all dasjenige, was dem Menschen zuliebe getan wird. Selbst die Natur ist wie eine kristallisierte Moral, weil alle ihre Kräfte und Lebensrhythmen den Sinn haben, der menschlichen Entwicklung die notwendige Grundlage zu geben. Aber die Fragen der Moral, der Sittlichkeit oder Ethik sind gerade das, worum Wissenschaft und Technik sich heute ungern oder überhaupt nicht kümmern. Für die moderne Wissenschaft gilt:

Verstand ohne Liebe kann alles verstehen –
nur nicht den Menschen.

Der Forscher legt heute den größten Wert auf den Fortschritt der Technik, auf immer neue Entdeckungen und Erfindungen, die dazu dienen sollen, das körperliche Wohlbefinden der Menschen zu steigern. Wissenschaft und Wirtschaft beschäftigen sich nahezu ausschließlich mit Dingen, die mit dem materiellen Dasein zu tun haben. Das Denken des Menschen, sein Verstand, ist in der westlichen Kultur zum ergebenen Diener und Befriediger aller Bedürfnisse des Körpers gemacht worden. Dieses Denken ist auf jeden Fall erfinderischer bei kriegerischen Vorhaben als für Projekte der Nächstenliebe gewesen. Das heißt aber buchstäblich, den Menschen auf den Kopf stellen, denn der Mensch kann nur glücklich werden, wenn er alle Maschinen der Welt in den Dienst des Menschen stellt, wenn diese Maschinen nichts als eine helfende Rolle auf dem Weg hin zum Frieden und zu einer die ganze Menschheit umfassenden Liebe spielen und nicht umgekehrt.

«Make love, not war» war ein Slogan in vielen Protestdemonstrationen der Jugend. Das ist wohl schneller gesagt als getan in einer Welt, wo einem jungen Menschen in seiner Ausbildung alles über Macht und Kriegsführung nahe gebracht wird – angefangen mit dem rücksichtslosen Wettbewerb der Wirtschaft – und fast nichts über die Kunst der Liebe. So sehen wir auch im Wettbewerb der Geschlechter eine neue Generation von Soldatinnen, Fußballerinnen und gar von Boxerinnen entstehen. Solche «Berufe» können inzwischen nur mit einem solchen Maß an Aggressivität ausgeübt werden, dass man sich fragen kann, ob die Menschen noch ein Recht haben zu klagen, dass so wenig Liebe in der Welt vorhanden ist?

Die neuzeitliche Wissenschaft betrachtet die Natur als eine Welt, die dem Menschen nur zu nutzbringenden Zwecken zur Verfügung steht und von jedem für alles ausgenutzt werden kann. Viele haben die Vorstellung, dass die Verfügungsgewalt des Menschen über die Natur unbegrenzt bleibt und nicht eingeschränkt werden sollte. Selbst die Tiere werden vom Menschen für seine eigennützigen Zwecke oft nach Belieben missbraucht. Diese Wissenschaft hat eine ganz und gar auf materialistische Werte eingeschworene Gesellschaft hervorgebracht. Die gesamte westliche Welt würde zum Stillstand kommen, ja zusammenbrechen, wenn sie plötzlich beispielsweise einen Monat lang keinen elektrischen Strom mehr hätte. Dieser Art von Wissenschaft, dieser modernen Technik kommt es darauf an, den Bereich des «Machbaren» ins Unendliche zu erweitern, das heißt, immer neue Maschinen zu erfinden, immer mehr zu «produzieren», immer mehr Waren jeglicher Art herzustellen.

Der Mensch wird aber dadurch immer abhängiger von seinen eigenen Erzeugnissen, von Geräten aller Art, und die vorhandenen Notwendigkeiten der Natur, die er eigentlich überwinden möchte, werden nur um weitere Sachzwänge erweitert. Für diese Wissenschaft, für diese Technik sollen Religion und Moral, soll die Liebe zum Menschen reine Privatsache bleiben, etwas, mit dem er in seinem stillen Kämmerlein alleine fertig werden soll. Die Religion mag sich mit Dingen wie Gefühl, Sittlichkeit oder Moral beschäftigen, aber sie darf das nur im Abseits des Lebens tun. Im öffentlichen Leben ist die Moral nur ein Störfaktor, der den «Fortschritt» aufhält. Die Verstrickung in die Maschinenwelt und der Überdruss am Menschen bedingen sich gegenseitig, denn allzu oft löscht die Leidenschaft für die Technik die Liebe zum Menschen aus.

Kopf und Herz, Verstand und Liebe, Maschine und Mensch sind, wenn sie wie zwei voneinander gesonderte

Welten erlebt werden, wenn der Mensch zwei getrennte Leben führt, bestens dazu geeignet, den Menschen innerlich zu entzweien und auszuhöhlen. Innerliche Erfüllung kann der Mensch nur erfahren, wenn Kopf und Herz sich wieder gegenseitig beleben, wenn Verstand und Gefühl sich gegenseitig fördern, weil sie nur füreinander geschaffen sind. Dies wird so lange nicht gelingen, wie ein öffentliches und ein privates Leben wie unbeteiligt nebeneinander herlaufen, ohne ihren inneren Zusammenhang wiederzufinden.

Zum Glück aller Menschen ist im Westen vor einem Jahrhundert durch die Lebenstat Rudolf Steiners eine ganz neue Art von Wissenschaft eingeleitet worden. Es ist eine Wissenschaft, in der Kopf und Herz in allen Bereichen des Lebens zusammenkommen. Diese «Geisteswissenschaft» strebt eine objektive Erkenntnis nicht nur der sichtbaren, sondern auch der unsichtbaren Welt an. Das sachgemäße Verfolgen der Wirksamkeit des Geistes in aller Materie gibt dem Menschen die Möglichkeit, Welt und Mensch in ihrem Füreinander immer inniger zu lieben. Vor allem das Christentum, die Religion vom Wesen und vom Wirken der Liebe, wird zum Gegenstand einer wissenschaftlichen Forschung gemacht. Nur ein vertieftes Wissen kann den Glauben unerschütterlich machen, und die Liebe kann im Streben nach tieferer Erkenntnis immer nur andächtiger werden. Ein Glaube ohne Erkenntnis des Geistigen reicht heute vielen Christen nicht mehr aus. Sie wollen die Kräfte des Denkens, die bisher fast ausschließlich auf die Eroberung der Außenwelt gerichtet waren, auch im Bereich der Religion einsetzen können, um ihr eine hoffnungsvolle Zukunft zu eröffnen.

Damit kommt man zur dritten Möglichkeit des Kopf-Herz-Verhältnisses, die im Gleichklang zwischen Kopf und Herz besteht: Hier fängt der Mensch an, in seinem Herzen das Denken zu lieben und mit seinem Kopf eine Wissenschaft der Liebe zu suchen. Das Herz verliebt sich in den Kopf und der Kopf erkennt die Weisheit des Herzens an. Die Liebe lernt das Denken lieben und die Vernunft wird durch die Liebe nicht nur wissend, sondern auch weise. Auf dieser dritten Stufe seiner Entwicklung fühlt sich der Mensch nicht mehr wie ein halber Mensch, der sich entweder nur für den Kopf *oder* nur für das Herz entscheiden muss, sondern als Vollmensch, der Kopf *und* Herz als voneinander untrennbar erlebt.

Wenn das Denken beginnt, die Liebe zu erleuchten, und wenn die Liebe anfängt, das Denken zu durchwärmen, wird das Denken zur tieferen Religion des Herzens und die Liebe zur neuen Kunst der Wissenschaft. Auf der dritten Stufe der Kopf-Herz-Beziehung heißt es:

> *Eine vernünftige Liebe*
> *und eine liebende Vernunft*
> *sind das Glück des Menschen.*

Jeder Mensch hat seine eigene «Alchemie» von Licht und Wärme, von Einsicht und Liebe. Die besondere Schönheit eines Menschen liegt in der einzigartigen Weise, wie Wahrheit und Güte in ihm zum Ausdruck kommen. Um einen Menschen wahrhaft zu lieben, muss man ihn in seiner Einmaligkeit kennen lernen, und je besser man einen Menschen kennt, umso mehr Gründe wird man finden, ihn von

Herzen zu lieben. Denn Mensch sein heißt, einer uneinge-
schränkten Liebe nicht nur fähig, sondern auch würdig zu
sein. Für die ganze Natur ist es nur allzu «natürlich», den
Menschen zu lieben. Für den Menschen ist es nicht ganz
natürlich, seinen Mitmenschen zu lieben, weil seine Liebe
mehr als nur natürlich sein darf, sie kann nur freiheitlich
erlangt und sie soll ganz frei gegeben werden. Die Natur
schenkt dem Menschen die Sehnsucht nach einer Liebe, die
er aus seiner Freiheit heraus erst erringen muss.

Das Streben nach Erkenntnis gibt der Liebe die Kraft,
im Umgang der Menschen miteinander nicht nur das zu
tun, was einem selbst, sondern vor allem, was dem anderen gut tut. Die Erkenntnis des Menschen wird zum tiefsten Verlangen der Liebe, denn nur durch sie kann der Liebende wissen, was der andere braucht und was ihn wahrhaft weiterbringt. Wenn ich für den anderen das tue, was
mir selbst eine Freude macht, was mir das Gefühl gibt, ein
liebender Mensch zu sein, liebe ich vor allem mein eigenes Bedürfnis, liebevoll zu sein. Ich gefalle mir dann einfach in meiner Eigenschaft als Mensch, der liebt. Gegen
diese Eigenliebe ist nichts einzuwenden, solange sie nicht
mit Nächstenliebe verwechselt wird. Wenn ich mich dagegen bemühe, sachlich zu erkennen, was der andere in diesem Augenblick wirklich braucht, und wenn ich genau das
tue, ganz unabhängig davon, ob es mir Freude bereitet oder
nicht, dann liebe ich ihn wirklich. Wahre Liebe sucht immer das Licht der Erkenntnis.

Wenn mir jemand sagt, dass er sich von mir verstanden fühlt, so hat dies ein weitaus größeres moralisches Ge-

wicht, als wenn er mir sagt, er freut sich, dass ich ihn gern mag. Den andern so zu lieben, wie einem selbst gerade zumute ist, ist leicht, das kann jeder. Die Bemühung, den anderen und seinen Weg immer besser kennen zu lernen, immer besser zu wissen und zu tun, was er braucht, um weiterzukommen, erfordert eine viel stärkere Liebeskraft, als ihn nur zu mögen. Das Organ der Erkenntnis ist das Denken und nur die Liebe zum Denken kann einem die Kraft geben, alles beiseite zu schieben, was einem gefällt oder missfällt, um den anderen in seiner Eigenart wirklich zu fördern.

In den letzten Jahrhunderten hat der Mensch alle Kraft seines Denkens in den Dienst der Naturwissenschaft gestellt, jetzt ist es an der Zeit, das Denken in den Dienst einer Wissenschaft vom Menschen zu stellen. Jetzt geht es darum, den Mut zu finden, dieselbe selbstlose Sachlichkeit, mit der man die wissenschaftliche Erforschung der Außenwelt betrieben hat, nunmehr der Erkenntnis des Menschen zu widmen. Jeder Mensch kennt nur das wirklich, was er liebt, weil jeder tieferen Erkenntnis die Liebe vorausgehen muss.

Die Natur schenkt dem Menschen nicht nur die erste Liebe, die Selbstliebe, welche die Nächstenliebe noch nicht kennt, sondern auch die erste Wissenschaft, die Naturwissenschaft, die den Menschen noch nicht kennt, weil sie das moralische Gewicht der Liebe nicht ermessen kann. Der Freiheit des Menschen wird in beiden Fällen das Beste des Lebens überlassen: Das Glück, im Erringen der zweiten Liebe, der Liebe zu jedem Menschen, auch die erste Liebe in eine heilsame zu verwandeln; und es wird ihr überlassen, durch die Liebe zur zweiten Wissenschaft, zur Wissenschaft vom Menschen, auch der Naturwissenschaft ihren wahren Sinn zurückzugeben. So möchten Liebe und Erkenntnis nie aufhören, sich gegenseitig zu suchen und sich zu fördern. Im Menschen und durch den Menschen streben sie unaufhörlich aufeinander zu, denn das Herz lebt von der Sehnsucht nach den Ratschlägen des Kopfes und der Verstand verlangt nach den Eingebungen der Liebe.

Die Gerechtigkeit rechnet, die Liebe ist verschwenderisch

Das Verhältnis von Liebe und Gerechtigkeit ähnelt dem von Liebe und Vernunft. Auch das Gerechte setzt, um gerecht zu sein, eine vernünftige Beurteilung der Dinge voraus. Jede richtige Entscheidung, jede gerechte Behandlung kann nur auf dem Wege einer sachlich abwägenden Logik zustande kommen.

Wie stehen Gerechtigkeit und Liebe zueinander? Dies ist eine wichtige Frage, denn von ihrer Antwort hängt das ganze gesellschaftliche Zusammenleben der Menschen ab. Die westliche Kultur, insoweit sie sich christlich nennen möchte, gründet auf der Überzeugung, dass vor zweitausend Jahren die bedeutsamste Wende aller Entwicklung eingeleitet wurde. Vor dieser Wende war die Gerechtigkeit maßgebend, nach der Wende soll die Liebe mehr und mehr die führende Rolle übernehmen. In der jüdischen Thora, im mosaischen Gesetz, lag das Hauptgewicht in den Zehn Geboten, da war der «Zadik», der Gerechte, der gute Mensch. Im Geiste der christlichen Evangelien ist der gute Mensch derjenige, der sich vom Wesen der Liebe durchdringen lässt. Den Sinn der Entwicklung sieht der christliche Geist darin, dass die Liebe zur Gerechtigkeit sich immer mehr in eine Gerechtigkeit der Liebe zu verwandeln sucht. Diese Wandlung kann sich nur im Herzen jedes einzelnen Menschen vollziehen.

Nicht wenige werden hier einwenden: Wenn die Menschen wirklich untereinander «gerecht» wären, wenn sie sich gegenseitig gerecht behandeln könnten, wäre das wohl schon mehr als ausreichend, da müsste doch alles in Ordnung sein. Was würde denn noch fehlen, wenn man jedem genau das gäbe, was ihm zusteht, worauf er ein gutes Recht hat?

Der Grundsatz der Gerechtigkeit ist die Gleichheit aller Menschen. Wenn man alle Menschen nach diesem Grundsatz behandeln wollte, müsste man ihnen allen das Gleiche zugestehen. Wenn man dem einen mehr und dem anderen weniger gäbe oder dem einen etwas ganz anderes als dem anderen, handelte man ungerecht. Wenn alle Menschen gleich sind, hat keiner das Recht, «gleicher» zu sein als die anderen.

Und doch kann die Gleichheit, wenn man sie einseitig verfolgt, zur ungerechtesten Sache der Welt werden. Dies aus dem einfachen Grund, weil, so wahr es ist, dass alle Menschen gleich sind, es ebenso wahr ist, dass kein Mensch dem anderen gleicht. Alle Menschen sind gleichermaßen ungleich, jeder ist ganz anders. Menschen sind alle gleich in Bezug auf ihre ganz allgemeine Menschenwürde, insoweit kein Mensch mehr oder weniger Mensch sein kann als ein anderer. Aber all die Dinge, die dieses allgemeine Menschsein konkret und individuell machen – die Fähigkeiten, die Lebenspläne, die Tätigkeiten, die Ideale, die Lebensumstände, um nur das Naheliegende zu nennen –, sind von Mensch zu Mensch sehr unterschiedlich. Was für einen Menschen hilfreich ist, muss nicht auf gleiche Weise für einen anderen gut sein. Um den besonderen Bedürfnissen eines jeden auf gleiche Weise «gerecht» zu werden, müsste man jeden Menschen ganz anders, auf ganz «ungleiche Weise» als den anderen behandeln. Wie soll es möglich sein, die Gerechtigkeit, die alle gleich behandelt sehen möchte, mit der unterschiedlichen Behandlung in Einklang zu bringen, die man jedem Einzelnen schuldet, um seinem besonderen Wesen gerecht zu werden?

Das Streben nach Gerechtigkeit kommt in den vereinbarten Gesetzen einer Gesellschaft zum Ausdruck, weshalb solche Gesetze für alle die gleiche Gültigkeit haben. Sie sind unerlässlich für das soziale Leben, weil sie den notwendigen Rahmen schaffen, auf den alle Einzelmenschen in gleicher Weise für ihre Handlungsfähigkeit angewiesen sind. Aber für den nach Freiheit strebenden Menschen ist alles Notwendige nichts anderes als die Grundlage der Freiheit, alles Gemeinsame nur die unabdingbare Voraussetzung für das Individuelle.

So wie die Erkenntnis die notwendige Voraussetzung für eine vertiefte Liebe ist, aber mangelhaft und einseitig bleibt, wenn sie nicht der Liebe dient, so ist auch das nach Gerechtigkeit strebende Gesetz zwar die notwendige Grundlage für die liebevolle Solidarität, aber es bleibt nicht weniger einseitig und mangelhaft, wenn es nicht der Liebe im Sozialen dient.

Die Gerechtigkeit der Liebe kann also unmöglich alle gleich behandeln, weil jeder Mensch ganz anders ist als jeder andere. Die bloße Gerechtigkeit kümmert sich um *den* Menschen im Allgemeinen, die Liebe aber kümmert sich immer um *diesen* Menschen im Besonderen. Die Liebe setzt das Gerechte, das für alle Notwendige, voraus und fügt die tausend Einfälle ihrer moralischen hinzu, die für den Einzelfall auch noch erforderlich sind. Die Gerechtigkeit gibt jedem das Notwendige, sie gibt allen das Gleiche. Die bloße Gerechtigkeit hat keine Möglichkeit, dem einzelnen Menschen in seiner unverwechselbaren Einzigartigkeit gerecht zu werden, nur die Liebe kann das tun. Die Liebe gibt noch viel mehr als bloß das Notwendige, sie gibt jedem etwas anderes und gibt jedem ganz anders.

Die Gerechtigkeit befasst sich mit dem Gemeinwohl, nur die Liebe kann sich um das Glück des Einzelnen kümmern. Der kühle Verstand hat Recht, wenn er alle Menschen gleich gerecht behandelt haben will, aber das Herz fordert das höhere Recht der Liebe ein, auch der Einmaligkeit jedes Einzelnen gerecht zu werden. Das gerechte, für alle gleichermaßen geltende Gesetz genügt in Zeiten zunehmender Individualisierung immer weniger, in Zeiten, wo jeder einzelne Mensch seine unverwechselbare Einzigartigkeit leben möchte.

Eine Gesellschaft, die nur das allgemein gültige Gesetz anerkennt, wird das Besondere des Einzelnen unterdrücken. Wenn die Gesetze das Individuelle unterbinden, werden sie allen «ungerecht», weil sie nicht der Einmaligkeit eines jeden Menschen Rechnung tragen und so jedem in höchstem Maße unrecht tun. Die Kunst des Sozialen liegt im Streben nach dem richtigen Gleichgewicht zwischen Gerechtigkeit und Liebe. Alles was rechtens ist, kann zentral und einheitlich verwaltet werden, dafür kann der Staat sorgen, weil es allgemeine Gültigkeit hat, weil es überall gleichmäßig in Kraft treten soll. Mit den ganz individuellen Begabungen und Bedürfnissen jedes Einzelnen ist es aber genau umgekehrt, diese können nur «vor Ort» berücksichtigt werden, in der persönlichen Begegnung zwischen Mensch und Mensch. Nach Gerechtigkeit zu streben ist die Aufgabe der Gemeinschaft, die Liebe zu pflegen ist die Berufung des Individuums. Wenn man auf die Gleichheit der Menschen pocht und die Liebe vernachlässigt, so führt das zur Gleichmacherei und letztlich zur Gleichgültigkeit, zur sozialen Kälte, wie sie heute überall zu erleben ist. Wenn man im Namen einer abstrakten Gleichheit immer nur das Allgemeine im Auge hat, ohne auf die Besonderheiten des Einzelnen einzugehen, werden die Menschen innerlich hohl, sie werden zur Schablone gemacht wie die Schafe einer Herde oder die Soldaten eines Heeres. Und viele Einzelmenschen werden sich dagegen auflehnen – dies umso mehr, wenn sie nicht durchschauen, dass nicht das Vorhandensein dessen, was alle gleich macht, das Problem ist, sondern das Nichtvorhandensein, der Mangel an dem, was jeden individualisiert. Die Reife und das Wohl einer Gesellschaft hängen ganz von der Zahl der Individuen ab, die nicht von der Verwaltung der Gerechtigkeit, nicht von einem alles gleichmachenden Staat dasjenige erwarten, was nur die Liebe zum einzelnen Menschen – die man etwas scheu «Solidarität» zu nennen pflegt – tun kann und auch tut.

Was hat eine Krankenschwester davon, dass sie alle Regeln achtet, die gleich für alle in ihrem Fach Tätigen gelten? Wird sie innere Erfüllung erleben, wenn sie sich nur nach äußeren Vorschriften richtet? Was nützt es einem Lehrer, wenn er sich lediglich den Anordnungen fügt und die Lehrpläne einhält? Genügt es einem Richter, alle Paragrafen des Gesetzes auswendig zu kennen, um diesem «Einzelfall», diesem besonderen Menschen, über den er ein Urteil zu sprechen hat, gerecht zu werden? Eine Krankenschwester wird erst dann innere Erfüllung in ihrer Arbeit finden, wenn sie ganz anders als alle anderen Krankenschwestern der Welt mit kranken und bedürftigen Menschen umgeht. «Was» sie ist, ihren Beruf, hat sie gemeinsam mit Millionen von anderen Menschen, aber ihr besonderes «Wie» ist ganz abhängig von ihrer schöpferischen Fähigkeit, von ihrer Liebe: Wie sie mit kranken Menschen umgeht, was sie dabei erlebt und was die Menschen durch sie erleben, wird eine «Welt» sein, die es sonst nirgendwo gibt als da, wo sie wirkt. Viele Frauen haben gemeinsam, dass sie auch Mutter sind. Aber keine Mutter wird im Umgang mit ihrem kleinen Kind nur die üblichen, allgemein gültigen Regeln befolgen wollen. Sie will ganz anders Mutter sein als jede andere Mutter und das für jedes ihrer Kinder auf wiederum ganz andere Weise.

Die Gerechtigkeit hat mit Rechten und Pflichten zu tun, das gerechte Gesetz schreibt vor, was jeder tun und lassen soll, ganz unabhängig davon, ob es ihm gefällt oder nicht. Dem Gesetz gegenüber kann der Mensch nur eine negative Freiheit erleben: Er kann willentlich das tun, was ihm zu unterlassen nicht gestattet ist, oder freiwillig dasjenige lassen, was zu tun ihm untersagt wird. Die Liebe hingegen ist eine Art höherer Gerechtigkeit, die alles, was gerecht ist, voraussetzt und in sich einschließt. Sie handelt jenseits alles Ge- oder Verbotenen. Was das Gesetz vorschreibt, hat nichts mit Freiheit zu tun, und was die Liebe vollbringt, hat nur mit Freiheit zu tun. Die Liebe tut auch das Notwendige aus freien Stücken, sie achtet freiwillig das gerechte Gesetz, weil sie es der Freiheit aller zuliebe tut. Aber sie tut viel mehr des Guten, als vom Gesetz gefordert, und sie vermeidet viel mehr des Bösen, als vom Gesetz verboten wird. Liebe ist grenzenlose Großzügigkeit, Liebe ist Überfluss. Die Gerechtigkeit gibt mit Maß, die Liebe gibt im Übermaß, weil sie darauf besteht, verschwenderisch zu sein.

Das für alle gültige Gesetz ist wie der Boden eines Gartens: Er ist der gleiche für alle Pflanzen und Blumen, sie alle brauchen ihn. Aber auf ein und demselben Boden, unter ein und denselben klimatischen Bedingungen können tausend Blumen sprießen: Selbst wenn Sonneneinstrahlung, Wasser und Luft für alle gleich sind, werden die darauf wachsenden Blumen niemals alle gleich sein, ja es wird noch nicht einmal zwei geben, die sich in Form und Farbe völlig gleichen. Aber gerade dies ist auch im Sozialen das Schöne! Die Einhaltung der für alle gerechten Gesetze ist doch nicht der Zweck des Miteinanders, sie schafft nur den Nährboden, den jeder braucht, um sein ganz persönliches, individuelles Leben zu «erfinden». Die gerechten Gesetze sind wie das einfarbige Licht des sozialen Miteinanders, die Liebe zum Individuum erzeugt aus dem Licht die tausend bunten Farben, die das Leben lebenswert machen. Es braucht gar nicht erwähnt zu werden, dass gerecht zu sein leichter ist, als der Liebe gerecht zu werden. Aber auch hier gilt: Leichter ist nicht immer besser. In diesem Fall ist gerade das Schwierige besser, weil nichts für den Menschen besser sein kann als die Liebe.

Gerechtigkeit kann ohne Liebe, Liebe nicht ohne Gerechtigkeit sein

Einer unbefangenen Beobachtung der heutigen Welt drängt sich der Eindruck auf, dass sich die Menschen in ihrer Entwicklung tatsächlich mitten in einer großen Wende befinden. Immer weniger Menschen geben sich mit dem zufrieden, was als gerecht gilt, und immer zahlreicher sind diejenigen, die das als ungerecht ansehen, was die Gerechtigkeit vorschreibt. Und es reicht niemandem mehr aus, nur das zu tun, was alle tun *sollen* oder *müssen*: Jeder sucht Raum für das, was er tut, weil er es aus seiner innersten Freiheit heraus *will*. Jeder möchte einen Weg finden, um sich selbst zu verwirklichen, einen Weg, der nur für ihn und für niemand sonst «richtig» ist, weil nur er seinem besonderen Wesen «gerecht» werden kann. Nur auf einem solchen besonderen Weg kann jedem einzelnen Menschen volle Gerechtigkeit widerfahren.

Man braucht nur die ganz alltäglichen zwischenmenschlichen Beziehungen zu betrachten: Wenn zwei Menschen zusammenleben, ist es gang und gäbe, dass sie über das, was jeder für gerecht oder ungerecht hält, immer wieder streiten. «Ich habe das Recht dazu ... Du bist ungerecht!» «Nein, wer hier ungerecht ist, das bist du! ... Ich habe schließlich auch ein Recht.» So kann das oftmals stundenlang hin- und hergehen. Und wenn beide Menschen bei dem stehen bleiben, was jeder für gerecht oder ungerecht hält, werden sie nie zu einer Einigung gelangen. Es kommt immer wieder vor, dass jemand von dem anderen etwas verlangt, was er für sein Recht hält, und der andere empfindet gerade das als völlig ungerecht. Wie oft hört man den Satz: «Nein, das ist zu viel verlangt!»

Warum scheint mir das, was der andere von mir verlangt, jedes Mal zu viel und noch einmal zu viel zu sein? Es ist, weil das, was er von mir will, im Grunde genommen keine Grenze hat: Er will nämlich alles von mir und gibt sich nie zufrieden. Aber das Eigenartige ist, dass ich von ihm nicht weniger verlange. Ich habe nicht weniger den Eindruck, dass das, was er mir gibt, immer zu wenig ist. Auch ich empfinde es nur dann als gerecht, wenn er mich niemals zurückweist oder «Nein» sagt, und vielleicht reicht mir das noch nicht einmal!

Dies ist nur eines von vielen Zeichen dafür, dass die

große Wende, die für das Christentum vor zweitausend Jahren begonnen hat, heute immer noch voll im Gange ist. Die Vernunft, die das Gerechte kühl abwägt, wartet in allen Bereichen des Lebens darauf, nach und nach auch einer Großzügigkeit des Herzens, die mehr als nur gerecht sein will, den gebührenden Platz einzuräumen. Niemals haben die Menschen mit tieferer Sehnsucht als heute die Liebe gesucht, weil sie allein jedem unendlich mehr geben kann als das, was rechtens wäre.

Jemand mag an dieser Stelle wiederum einwenden, dass eine vernünftige Gerechtigkeit es durchaus auch versteht, dem Herzen Rechnung zu tragen. Aber wie denkt oder wie rechnet die Vernunft? Sie schaut auf das Äußerliche des Lebens und überlegt: «Ich habe von meinen Eltern Fürsorge, Nahrung und Kleidung erhalten, als ich klein war. Später haben sie mir die notwendigen Geldmittel für eine Ausbildung zur Verfügung gestellt, dann haben sie mir geholfen, eine Arbeit zu finden. Als ich geheiratet habe, haben sie mir einen Kühlschrank und eine Waschmaschine gekauft und gestern haben sie mir eine Flasche Wein geschenkt. Na ja, für die Flasche Wein kann ich ihnen ja morgen etwas zurückschenken. Aber dass sie mich großgezogen und dann noch eine Zeit lang unterstützt haben, ist doch selbstverständlich. Das ist ganz recht, das machen doch alle so. Habe ich sie etwa gebeten, mich in die Welt zu setzen? Und überhaupt, wenn ich einmal Kinder bekomme, geht es mir auch nicht anders als meinen Eltern. Letztendlich gleicht sich doch alles aus …»

Die «Rechnung» der Liebe sieht dagegen ganz anders

aus. Ein wahrhaft liebender Mensch sagt sich: «Ich habe von den anderen nicht nur all das bekommen, was ich *habe*, sondern ich verdanke ihnen obendrein auch noch alles, was ich *bin*! Was habe ich demnach zurückzugeben? Was schulde ich gerechterweise den anderen? Ich schulde ihnen mein ganzes Wesen, mein ganzes Sein! Einfach *alles*.»

Die Gerechtigkeit, zu der nur die Liebe fähig ist, geht von der Überzeugung aus: Jeder von uns verdankt allen alles, und das Herz empfindet sich nur dann als gerecht, wenn es alles weitergibt, was es empfangen hat: Seine Fähigkeiten, seine Kräfte, seine Zeit, kurzum alles, ohne dabei das eine mit dem anderen aufzurechnen. Wenn es auch nur das Allergeringste zurückbehält, empfindet es dies sofort als ungerecht. Die einzige Gerechtigkeit, welche die Liebe kennt, liegt in ihrer Sehnsucht, sich selbst bedingungslos zu verschenken.

Im Grunde genommen sind wir Menschen alle brave Egoisten, die eine Art von Gerechtigkeit fordern, die ganz, ganz vernünftig aussehen soll. Man denke doch bloß einmal an den heute tobenden Kampf gegen den internationalen Terrorismus und man frage sich, wer in diesem Kampf Recht und wer Unrecht hat. Man stelle sich einmal vor, der Präsident der Vereinigten Staaten würde folgende Rede über die Lage der Nation vor seinem Volk halten: «Liebe Amerikaner, ich fordere euch auf, alle Terroristen dieser Welt zu lieben! Wir stehen in ihrer Schuld, denn wir konnten den Wohlstand, dessen wir uns erfreuen, nur schaffen, indem wir die gesamte Menschheit und die Umwelt ungerechterweise ausgenutzt haben. Wir selbst haben sie mit unserer Ungerechtigkeit zu sogenannten Terroristen gemacht. Es ist nur gerecht, wenn wir alles, was wir den anderen weggenommen haben, diesen nunmehr zurückgeben. Wir haben kein Recht, irgendein Land mit der Ausrede der Vorbeugung anzugreifen. Wenn wir das täten, würden wir nur das Recht des Stärkeren durchsetzen. Aber gerade im Kampf gegen das Recht des Mächtigeren, des damaligen Englands, ist unsere Nation entstanden.» Wenn er so spräche, was würden ihm seine Wähler darauf antworten? Wahrscheinlich würden sie alle schreien: «Der ist wohl übergeschnappt! Wir brauchen Neuwahlen! Ein neuer Präsident muss her!»

Seit einem Jahrhundert ist die Menschheit von einem Motto, das die Gerechtigkeit zwischen den Völkern ganz groß schreibt, wie besessen. Es heißt: «Alle Völker haben ein gleiches Recht auf Selbstbestimmung.» Was könnte einleuchtender klingen als diese Binsenwahrheit? Wie sieht die Wirklichkeit jedoch aus? Man braucht nur an die Beziehungen zwischen Palästinensern und Israelis im Nahen Osten zu denken, zwischen Protestanten und Katholiken in Nordirland, zwischen den Völkern auf dem Balkan, zwischen Moslems, Christen und Hindus im ferneren Osten. Was heißt in solchen Fällen: Jedes Volk hat das gleiche Recht auf Selbstbestimmung? Wie gerecht ist die Gerechtigkeit, die jede Seite für sich beansprucht? Diese Parole des Selbstbestimmungsrechts der Völker droht die Menschheit auf den Geist zurückzuwerfen, der vor der erwähnten Wende geherrscht hat, damals zu Recht geherrscht hat. Damals genügte die Gerechtigkeit, weil das Freiheitsstreben im einzelnen Menschen noch nicht erwacht war. In unserer Zeit ist diese Parole ein tragischer Anachronismus, etwas völlig Unzeitgemäßes, weil die gleichmachende Gerechtigkeit ohne die Liebe zur Einmaligkeit jedes Einzelnen nicht mehr gerecht sein kann. Wie würde es in einer Familie aussehen, wenn nur das Recht auf Selbstbestimmung für jedes Familienmitglied Gültigkeit hätte und keine gegenseitige Liebe vorhanden wäre?

In einem Vortrag vom 20. Dezember 1918 schildert Rudolf Steiner, dass in der geistigen Welt gegenwärtig ein gigantischer Kampf zwischen Weisheit und Liebe ausgetragen wird. Früher haben geistige Wesen voller Weisheit dafür gesorgt, dass alles und jedes seinen richtigen Platz fand. Sie haben in der Welt eine weise, vernünftige und gerechte Ordnung geschaffen. Aber jetzt beginnen die Geister der Liebe die Entwicklung zu leiten – und das bringt vieles durcheinander. Die Weisheit liebt die althergebrachte Ordnung, die Liebe aber erfindet jeden Tag etwas Neues. Die Ordnung der Weisheit sieht das Gute in der Schönheit der Welt, die Ordnung der Liebe sucht das Schöne in der Güte der Menschen. Wer Weisheit ohne Liebe sucht, will seine Ruhe haben, aber diese Ruhe ähnelt dann einer «Friedhofsruhe». Auf einem Friedhof mag auch alles recht schön und geordnet aussehen, aber es ist still dort, da regt sich nichts. Wer aber Weisheit mit Liebe zu verbinden sucht, strebt nach einer höheren Ordnung, nach einer Welt voller Überraschungen, in der jeder Mensch sich ganz frei in seiner Einmaligkeit entfalten kann.

Wer nur Ordnung haben will, hat Angst vor der Liebe,

aber es ist nicht schön, in Angst vor der Liebe zu leben. Ordnung ist zwar notwendig, aber was nützt eine Ordnung ohne Liebe? Der Mensch ist nicht für die Ordnung geschaffen worden, sondern jede Ordnung für den Menschen. Die Liebe ist schöpferisch, weiß jeden Tag eine neue Ordnung zu schaffen, denn sie kennt nur die Art von Ordnung, die immer im Wandel begriffen ist. Dazu ist ein höheres Maß an moralischer Fantasie erforderlich, aber genau dies entspricht wirklich einer Welt, wo alles im Werden begriffen ist, wo alle Menschen zusammen unterwegs sind.

Jeden Menschen jeden Tag auf andere Weise lieben heißt mehr wollen als nur Ordnung. Die Gerechtigkeit möchte die althergebrachte Ordnung bewahren, weil sie ihre Berechtigung in der Tatsache sieht, dass sie bewiesenermaßen «funktioniert». Die Liebe hingegen erfindet das Leben jeden Tag neu, weil sie unerschöpflich schöpferisch ist. Wenn alles ordnungsgemäß vonstatten geht, aber die Liebe fehlt, dann fehlt noch alles, was den Menschen glücklich machen kann.

Die Vergangenheit erkennen – die Zukunft lieben

Das Erleben der Zeit ist für den Menschen von großer Bedeutung. Die Erinnerungen an die Vergangenheit, an die gemachten Erfahrungen, die Pläne für die Zukunft, die ein Mensch anstrebt, treffen sich in seiner Gegenwart. In jedem Augenblick erlebt der Mensch in seinem Gemüt so etwas wie eine Lebensbilanz, die sich aus dem Ausgleich zwischen seiner Vergangenheit und seiner Zukunft ergibt. Auch hier dienen die Kräfte der Vernunft und der Liebe dazu, immer wieder das richtige Gleichgewicht zu finden. Die Vergangenheit wird zur Sache der Erkenntnis, insoweit sie objektiv wahrgenommen werden kann, also Verstand und Vernunft das Gewordene in der eigenen Vergangenheit mit derselben sachlichen Nüchternheit erfassen, mit der die Objektivität der Naturgesetze erforscht wird.

Das Gegenteil gilt für die Zukunft: Da gibt es noch nichts Objektives zu erkennen, da ist die Kraft der Liebe gefragt, weil sie besser als die Vernunft mit der Zukunft umgehen kann. Denn zu lieben heißt, vorhandenen Fähigkeiten auf ihre zukünftige Entwicklung hin Vertrauen zu schenken – bevor man genau weiß, wie der Einzelne in seiner Freiheit damit umgehen wird. Ein liebender Mensch blickt auf den Geliebten mit einem Herzen voller Zuversicht, mit hoffnungsvollem Glauben an seine Begabungen. Zu lieben heißt immer, das Risiko der Freiheit des anderen mit Freude einzugehen. Die Liebe zu seiner Zukunft ist die Liebe zu seiner Freiheit. Um diese Freiheit zu lieben, muss die Liebe auch risikofreudig sein, und um das Risiko zu lieben, darf sie nichts zu verlieren haben.

Eine Mutter liebt ihr Kind vor allem, weil bei ihm die Zukunft bei weitem wichtiger ist als die Vergangenheit. Ihre Hoffnung, der starke Glaube ihrer Liebe kann sich eine verheißungsvolle Zukunft ausmalen. So muss es auch der Gottheit mit dem Menschen ergangen sein, denn Menschsein kann wohl als die Kindheitsstufe des Gottseins gesehen werden. Der Mensch muss in den Augen seines Schöpfers weit mehr Zukunft vor sich haben als Vergangenheit hinter sich. Mit der Liebe einer Mutter muss die Gottheit den Menschen geschaffen haben, sie muss seine hoffnungsvolle Zukunft, seine Gottwerdung, über alles lieben. Die Welt sieht wirklich so aus, als ob die göttliche Liebe das große Entwicklungsrisiko der menschlichen Freiheit mit aller Entschlossenheit eingegangen wäre. Die Welt sieht so aus, als sei sie allen Menschen zuliebe geschaffen worden, um jedem Menschen die hoffnungsvollste Zukunft entgegenzubringen.

Jeder Mensch hat einen Kopf, um immer besser zu erkennen, was die Vergangenheit zustande gebracht hat; das Herz hingegen, die Liebe, ist ihm gegeben, um immer neue Schöpfungen für die Zukunft hervorzubringen. Die Liebe hat eine Empfindung, ein Gespür für dasjenige, was aus diesem und jenem werden kann, sie hat die Gabe der Vorahnung, von der der Verstand keine Ahnung hat.

Die Liebe entscheidet über die Zukunft, weil das verstandesmäßige Erkennen nichts über diese zu sagen hat. Wenn das schon Bestehende entscheidet, wie es weitergeht, gibt es nur eine Wiederholung des Gleichen, ähnlich wie bei den Naturgesetzen. Wenn es beim Alten bleibt, hat die Liebe gefehlt, die alles Neue erst zu schaffen weiß. Und wenn Entwicklung nur durch schöpferisches Hervorbringen des Neuen real wird, dann kann der Mensch unmöglich aus dem Affen entstanden sein, weil der Affe, um den Menschen hervorzubringen, ihn schon irgendwie in sich angelegt haben müsste, wie das Kind den Erwachsenen. Aber dann wäre der Affe ein werdender Mensch und nicht ein Affe. Aus jedem Affen müsste dann, wie aus jedem Kind, ein erwachsener Mensch werden, was offensichtlich nicht der Fall ist.

Der Mensch kann nur in der Fantasie der schöpferischen Liebe geistiger Wesen entstanden sein, die neben dem Affen noch etwas ganz anderes, nämlich ein Geschöpf nach ihrem Bilde, mit Verstand und Liebe ausgestattet, schaffen wollten. Und genau das ist die Liebe: die Kraft, immer Neues zu erfinden, immer neue «Schöpfungen aus dem Nichts» hervorzubringen. Das schon Vorhandene ist für die Liebe Grundlage, notwendiger Anknüpfungspunkt, ein Werkzeug für das zu schaffende Neue, aber niemals dessen maßgebliche Ursache. Die Liebe braucht nie ein schon vorhandenes Modell zu kopieren, weil sie nie das Gleiche wiederholt. Die Liebe ist die Kunst, tausendmal «Ich liebe dich» zu sagen, ohne sich zu wiederholen.

Eine weitere wichtige Polarität des Lebens in der Zeit ist der Gegensatz von Macht und Liebe. Die Ausübung der Macht ist notwendig für die Verwaltung des schon Vorhandenen. Aber die Sachzwänge dieser Verwaltung verführen die Macht immer wieder dazu, auch den Menschen als Werkzeug für die Aufrechterhaltung des Bestehenden zu gebrauchen. So ist es die Aufgabe der Liebe, die Unmenschlichkeit der Macht immer wieder aufzuheben. Denn die Liebe ist die Kunst, alles als Werkzeug *für* den Menschen zu verwenden, die Kunst, den Menschen niemals *als* Werkzeug für anderes zu gebrauchen.

Die Macht will alles kontrollieren, die Liebe braucht

nichts zu kontrollieren, weil sie jedem Menschen unbegrenztes Vertrauen schenkt. Wer die Macht sucht, möchte kein Risiko eingehen, um seine Macht nicht zu gefährden; wer liebt, hat die Kraft, auch jeden Abgrund der Freiheit zu ertragen, weil die Freiheit des geliebten Menschen für ihn das höchste Gut ist. Wer die Macht hat, kann andere zu etwas zwingen, wenn diese auf seine Macht angewiesen sind. Das Glück der Liebe besteht darin, keinen Menschen zu etwas zwingen zu müssen und von keinem zu etwas gezwungen werden zu können. Die Beziehung zwischen Freiheit und Liebe ergibt so etwas wie eine Formel des Glücks, die wie eine Schlussfolgerung aussieht:

> *Nur die Freiheit*
> *macht den Menschen glücklich;*
> *frei ist der Mensch nur in der Liebe;*
> *also macht nur die Liebe*
> *den Menschen glücklich.*

Weil die Liebe nicht auf Macht angewiesen ist, weil sie jede Art von Macht von sich weist, kann sie niemals von der Macht abhängig gemacht werden. Sie kann in keiner Weise erpresst werden, weil sie nichts zu verlieren hat. Dies erklärt, warum derjenige, der wahrhaft liebt, auch streng und unerbittlich sein kann, wenn die Liebe dies verlangt. Wo es um das Gedeihen des geliebten Menschen geht, hat die Liebe die Kraft, keine Kompromisse einzugehen. Genauso handelt die Mutter mit ihrem kleinen Kind: Sie kann äußerst unnachgiebig sein, wo es um das Wohlergehen des Kindes geht. Es mag dem Menschen nicht immer gefallen, was ihm aus Liebe angetan wird, aber gut wird es ihm immer tun.

Eine andere geheimnisvolle Eigenschaft der Liebe ist, dass sie ganz und gar «unfehlbar» ist. Ein liebendes Herz hat nicht nur eine Ahnung von dem, was die Zukunft bringen wird: Es verfolgt mit Herzensinteresse jeden Entwicklungsschritt des geliebten Menschen. Die Unfehlbarkeit der Liebe liegt in ihrer Beweglichkeit: Sie ist so erfindungsreich, so wendig, dass sie in jeder Lebenslage das Richtige treffen kann. Nicht deshalb ist die Liebe unfehlbar, weil dasjenige, was sie tut, immer das Richtige *ist*, sondern es *wird* erst durch sie richtig *gemacht*. Der Verstand mag einem sagen, *was* zu tun ist; die Liebe ist die Kunst des *Wie*. Und in den meisten Dingen des Lebens, allemal wo es um Menschen geht, ist das Wie weit wichtiger als das Was. Wo Liebe waltet, wird jede Handlung richtig – durch die Liebe selbst, denn nur die Liebe ist immer richtig. Wo Liebe fehlt, ist jede Entscheidung falsch, jeder Partner der falsche, weil man selber durch die eigene Lieblosigkeit der falsche ist. Alles, was man ohne Liebe tut, wird keinen Bestand haben. Wo Liebe vorhanden ist, wird alles gut, was der Mensch tut.

Zwei Menschen, die sich lieben, sind immer die Richtigen füreinander, weil die Liebe jeden für den anderen täglich aufs Neue zum Richtigen werden lässt. Zwei Menschen sind immer die Falschen füreinander, wenn es ihnen an Liebe fehlt. Nicht die Liebe des anderen zu mir wird ihn zum Richtigen für mich machen können, sondern allein meine Liebe zu ihm. Einsam ist nie derjenige, der von anderen nicht geliebt wird, sondern nur der, der andere nicht liebt. Wer liebt, wird sich niemals einsam fühlen, am allerwenigsten wenn er alleine ist, weil sein Herz immer übervoll von geliebten Menschen ist.

Islamische Wissenschaft in der westlichen Kultur

Um die Beziehung zwischen Liebe und Vernunft besser zu verstehen, kann es aufschlussreich sein, auf die gegenwärtig stattfindende Auseinandersetzung zwischen Islam und Christentum näher einzugehen. Ein Kernpunkt dieser Auseinandersetzung ist die Tatsache, dass im Christentum der Sohn Gottes, der Mensch geworden ist, nicht weniger wichtig ist als Gott der Vater. Dieser Sohn bezeichnet sich im Evangelium mit Vorliebe als «Menschensohn». Und das heißt: Wenn Gott Mensch geworden ist, kann auch der Mensch auf seine Weise «Gott» werden. Diese allmähliche Entwicklung zum Göttlichen hin soll gerade durch seine Menschwerdung allen Menschen möglich gemacht werden. Das Wesen des Christentums ist die unerschöpfliche Liebe des göttlichen Sohnes zu jedem Menschen, eine Liebe, die jedem eine unbegrenzte Entwicklung ermöglicht. Christentum ist Liebe zur individuellen Freiheit und Entwicklungsfähigkeit jedes einzelnen Menschen, weil der Sohn Gottes jeden Menschen zu einer göttlichen Liebe befähigt.

Der Koran geht von ganz anderen Voraussetzungen aus. Im Mittelpunkt des Islam steht der allmächtige Gott, die uneingeschränkte Allmacht Allahs. Eine wichtige, wiederholte Aussage des Korans lautet: Allah ist der Einzige, und er hat keinen Sohn. Einen göttlichen Menschensohn kennt der Islam also nicht, und das freie Schaffen des einzelnen Menschen, des individualisierten menschlichen Geistes, spielt im Islam als Folge dieser Tatsache kaum eine Rolle.

Der Sinn des Mensch gewordenen Sohnes innerhalb der christlichen Trinität liegt darin, dass im göttlichen Plan ein freiwilliger Verzicht Gottes vorgesehen ist, auch im Innern des Menschen allmächtig zu bleiben. Dieser göttliche Verzicht lässt offenen Raum für die menschliche Freiheit. Gott der Vater liebt nicht nur sich im Menschen, er liebt noch viel mehr den göttlichen Menschensohn in jedem Menschen. In seinem Sohn verzichtet er auf seine Allmacht, auf dass der Sohn die Kraft der Liebe in den Menschenherzen entfache. Das ist der Sohn Gottes: jeder Mensch in seiner Freiheit und Einmaligkeit und die ganze Menschheit in ihrer Einheit und Vielfalt.

Der Mensch macht im christlichen Sinn die Erfahrung des göttlichen Sohnes, wenn er immer freier, immer schöpferischer in seinem Denken, immer liebender und verantwortungsvoller in seinen Handlungen wird. Der Sohn, den die Christen «Christus» nennen, will nicht allmächtig im Menschen wirken, weil der Mensch sonst nicht frei sein könnte – und ohne Freiheit könnte er nicht lieben. Der Christus wirkt mit Liebe und das bedeutet, dass es ihm vor allem am Herzen liegt, jeden einzelnen Menschen immer freiheitsfähiger, immer schöpferischer werden zu lassen. Zu lieben heißt immer, die Freiheit des Geliebten zu wollen. Das Wesen des Christentums ist die Liebe, mit der Christus

156

die Menschen liebt: Eine Liebe, die so groß, so maßlos ist, dass sie den Klugen dieser Welt völlig töricht vorkommt. Eine Liebe, die so wehrlos ist, dass sie in den Augen der Mächtigen als ganz ohnmächtig erscheint. Eine Liebe, die auf die Ausübung jeglicher Macht verzichtet – der Freiheit der Menschen zuliebe. «Wie töricht! Du hast so viel für andere getan, du hast so viele geheilt, jetzt zeig einmal, was du für dich selbst tun kannst! Steig doch herunter vom Kreuz, zeig uns deine Macht, wenn du dich schon für den Sohn des Allmächtigen hältst» – das sind sinngemäß die überlieferten Worte der am Kreuz Vorübergehenden …

Man kann sich fragen, was denn nach zweitausend Jahren vom Geist dieses Christus überhaupt noch übrig geblieben ist. Nicht eine mächtige Kirche kann diesen Geist der Liebe lebendig erhalten, sondern immer nur der nach innerlicher Freiheit und Liebe strebende Mensch. Wenn Christentum die Wissenschaft der Liebe ist, dann ist jeder Mensch ein Christ, der die Liebe versteht, dem die Liebe das Wichtigste im Leben ist. Nichts geht dem Liebenden über die innere Freiheit des Geliebten. Wenn die göttliche Liebe jedem Menschen die Fähigkeit der Freiheit gibt, ist es die Aufgabe des Menschen, diese Fähigkeit auszuüben, sie in jedem Menschen zu fördern.

Weil der Anspruch des Christentums der höchste ist, den es gibt – der Anspruch der Liebe –, deshalb klaffen in der christlichen Kultur vielleicht mehr als in jeder anderen Theorie und Wirklichkeit auseinander. Was in christlichen Ländern in den letzten zwei Jahrtausenden Wirklichkeit geworden ist, sieht in der Tat dem Geist des Islams viel ähnlicher als dem wahren Geist des Christentums. Die christliche Religion ist im Westen weit weniger kulturprägend geworden als die durch und durch islamische Naturwissenschaft, deren Grundsatz genau der gleiche wie der des Korans ist. Er lautet: Der Mensch wird durchgängig von Naturgesetzen bestimmt und die sogenannte Freiheit ist eine bloße Illusion, eine eitle Selbsttäuschung. Nichts anderes sagt im Grunde genommen auch der Islam aus, wenn er behauptet, über den Menschen bestimme einzig und allein der allmächtige Allah. Ob man dasjenige, was den Menschen mit Notwendigkeit bestimmt, auf die Naturgesetze zurückführt oder auf den Willen Gottes oder Allahs, ändert nichts daran, dass der Mensch in beiden Fällen als unfrei gilt, und eben dies ist sowohl in der westlichen Wissenschaft und Kultur als auch im Islam in Bezug auf die Selbsterfahrung des Menschen das Entscheidende.

Wo bleibt die christliche Liebe?

Die christliche Religion, die Religion der Liebe, wirkt heutzutage kraftlos und angekränkelt. Es ist, als führe sie ein kümmerliches Dasein im Schatten der Kirchtürme. Fern von jedem wissenschaftlichen Anspruch grübeln Menschen über einen Glauben nach, der in seiner unbestimmten Sehnsucht nach etwas längst Vergangenem weder richtig leben noch richtig sterben kann. Immer mehr Menschen fühlen sich in ihrem Herzen leer, weil die Religion das Licht der Erkenntnis zu lange gescheut hat. Die Arbeitswelt wird ihrerseits beherrscht von einer trockenen, herzlosen Wissenschaft, von einer nahezu brutalen Technik, die dem Menschen jede Freiheit zu nehmen droht.

Wie aber muss der große Schritt nach vorn aussehen? Diesen Schritt kann man nicht mehr von der Macht einer Gruppe erwarten – sei es Staat, Kirche oder Gesellschaft. Jede Gruppierung ist für ihre Macht zuständig und nicht für die Liebe. Mit der Macht jeder Institution ist es wie mit der Gerechtigkeit: Sie ist berechtigt in dem Maße, in dem sie die notwendige Grundlage für die Liebe schafft und der Liebe dient – aber nur der einzelne Mensch ist fähig zu lieben. So wie die Gerechtigkeit der Liebe den nötigen Boden zu bereiten hat, so auch die Gruppe dem Individuum. Die moralische Berechtigung einer Einrichtung gründet allein auf der Liebe der in ihr Tätigen zu jedem Menschen. Jedes Unternehmen, jede organisierte Gruppierung von Menschen ist Mittel zum Zweck: Der Zweck muss immer der Mensch bleiben, der einzelne Mensch darf niemals zum Mittel gemacht werden. In einer Zeit, wo die Menschen noch wie Kinder waren, mussten Kirche und Staat auch für die Erwachsenen die Rolle der Eltern übernehmen. Im heutigen Zeitalter der individuellen Freiheit wird jeder Führungsanspruch der Gruppe immer unzeitgemäßer. Heute hat die Stunde des Individuums geschlagen, die Menschheit insgesamt wird mündig und jeder erwachsene Mensch erlebt das Wohl und Wehe seiner Pubertät auf dem Weg in die Freiheit, die Phase seiner Kindheit geht zu Ende.

Es ist die Aufgabe des Einzelnen, die Wende zur individuellen Freiheit immer entschiedener zu vollziehen, die seit nunmehr zweitausend Jahren die Logik der Liebe einfordert. Jeder einzelne Mensch hat die Fähigkeit, sich in seiner Entwicklung nicht mehr bloß durch eine kalt berechnende Gerechtigkeit leiten zu lassen oder durch eine unfrei machende Wissenschaft, sondern vielmehr von Liebe und Freiheit, vom Vertrauen in die Schöpferkraft jedes Menschengeistes. Allein der einzelne Mensch vermag die Wissenschaft durch seine Liebe zu vermenschlichen und so auch die Liebe zu befreien, indem er sie durch sein Denken erhellt. Durch das Licht der Erkenntnis macht er seine Liebe wahrhaftig, und die Wissenschaft wird von den Kräften seiner Liebe aus ihrer Unmenschlichkeit erlöst. Die Liebe wird vom Triebhaften des Egoismus jedes Mal befreit, wenn der Mensch seinen Mitmenschen besser versteht. Der kühle Verstand wird jedes Mal durchwärmt, wenn der Mensch sich die Wissenschaft der Liebe zu Herzen nimmt.

«Das ist ja alles schön und gut», wird mancher vielleicht einwenden, «aber wie soll das gehen? Wo soll ich überhaupt anfangen?» Wenn ein Mensch nicht weiß, womit er anfangen kann, dann deswegen, weil er sich vorstellt, der Anfang liege irgendwo außerhalb, weit von ihm entfernt. Aber der richtige Anfang kann nur darin liegen, dass der Einzelne einsieht: «Ich kann nur bei mir anfangen, meinen Anfang kann ich nur bei mir selbst machen!» Jeder Mensch kann doch nur bei sich selbst anfangen – und durch sich selbst! Jeder hat einen denkenden Kopf zur Verfügung, jeder hat ein Herz, das Liebe geben und Liebe empfangen kann. Der große Schritt nach vorn kann für mich nur darin bestehen, dass ich den Entschluss fasse, immer mehr Denken, immer mehr objektive Erkenntnis in meine missverstandene Religion zu bringen und immer mehr Freiheit und Liebe in meine unmenschlich gewordene Wissenschaft. Nur in mir selbst kann ich Kopf und Herz zusammenbringen, nur ich alleine kann in mir die kopflose Religion und die herzlose Wissenschaft überwinden.

Ohne Gesetz ist der Mensch unsozial, mit dem Gesetz wird er nur gezähmt, erst die Liebe macht ihn frei. Die gefallene Vernunft hat eine Wissenschaft ohne Liebe hervorgebracht, die gefallene Liebe eine Selbstliebe ohne Nächstenliebe. Die Kälte des Verstandes und die Einengung der Eigenliebe, die jeder Mensch täglich hautnah erleben muss, erzeugen in ihm die Sehnsucht, auf dem Weg der inneren Wandlung seinem Kopf Wärme und seinem Herzen Licht zu geben. Die große Wende aller Entwicklung vollzieht jeder in seinem Alltag selbst, bei jedem kleinsten Schritt zu mehr Freiheit und Liebe.

V.
LIEBE UND LEBEN
DIE KUNST DES SOZIALEN
IM ZEITALTER DER FREIHEIT

Realismus und Idealismus:
die geschaffene und die zu schaffende Welt

Mit seinem Verstand kann der Mensch mit beiden Beinen fest auf der Erde, mitten in der sichtbaren Welt stehen. Die Herzenskraft seiner Liebe kann ihm Flügel verleihen, um sich in die Welt der höchsten Ideale zu erheben. Die Vernunft rechnet mit der Welt, wie sie ist, die Liebe kann sich damit nicht zufrieden geben, sie sucht immerzu nach einer noch schöneren, besseren Welt, zu schön, zu gut, um überhaupt vollkommen Wirklichkeit werden zu können, denn das Streben selbst gehört zum Wesen der Liebe. Nur im strebenden Schaffen fühlt sich der Mensch glücklich wie der Künstler, der die Schöpfungen seiner Fantasie liebt wie eigene Kinder. Er trägt seine Ideen bis zur Stunde ihrer Geburt in der Welt voll Hoffnung in sich.

Nur das Herz verliert nie die Hoffnung auf eine bessere Zukunft, ohne Ideale aber vertrocknen die besten Kräfte des Menschen. Es ist Aufgabe des Verstandes, mit der Vergangenheit zu rechnen, sich mit dem, was schon da ist, zu befassen, denn das ist die Grundlage für alles weitere Schaffen, für jeden Idealismus. Idealismus fernab der Wirklichkeit ist eitle Utopie, ist selbstsüchtige Schwärmerei, lieblose Weltflucht. Der nüchterne Realismus, der von

Idealen nichts wissen will, erzeugt andrerseits nichts als unbewegliche, kleinkarierte Krämerseelen. Von dem, was man heute «Realismus» nennt, gibt es in der Welt wahrlich genug – was dem Menschen aber an allen Ecken fehlt, ist die Liebe zu großen Idealen. Diese innere Leere des Menschen hat die Welt zu einem niederdrückenden, traurigen Ort gemacht.

Die Ideale sind der Stoff, aus dem die Liebe gemacht ist, sie gestalten und beleben die Welt, wenn der Mensch sie mit der ganzen Kraft seines Herzens liebt. Die bestehende Welt kann jeder zunächst nur so nehmen, wie sie ist, aber das, was ein Mensch aus sich heraus schaffen will, muss zuerst in seiner Fantasie Gestalt annehmen, im besten Teil des Menschen. Jedes Ideal ist einmal Gedanke gewesen, der glückliche Einfall einer schöpferischen Fantasie.

Der Alltag bremst den Idealismus in jedem Menschen, stellt ihm tausenderlei Hindernisse entgegen. Der sogenannte Realist ist dabei immer erpicht, darauf hinzuweisen, dass man an der bestehenden Welt ohnehin nicht viel ändern kann, warum sich also die Mühe machen? Er schaut auf die tausend Dinge um sich herum, die er nicht beeinflussen kann, denen gegenüber ihm die wenigen Möglichkeiten nichtig erscheinen. Er merkt nicht, dass er es wie das Mädchen macht, das dem Jungen, der ihr eine Rose als Zeichen seiner Liebe schenkt, statt sich über die Liebe zu freuen, sagt: «Was ist denn eine einzige Rose, verglichen mit den tausenden, die du mir nicht geschenkt hast!» So ist dem heutigen materialistischen Menschen die sinnliche Welt, wie die Rose dem Mädchen, nicht mehr ein Zeichen für ihren unsichtbaren Reichtum – von dem er wenig versteht –, sondern nur Ursache für den Mangel an Glück, den er beklagt.

Die Liebe macht eine ganz andere Art von Rechnung auf. Sie schaut nicht auf dasjenige, was sie in der bestehenden Welt nicht ändern kann, denn ihr geht es niemals darum, etwas Bestehendes zu ändern, sondern immer darum, etwas Eigenes zu schaffen, etwas ganz Neues in die Welt zu bringen. Erst im Schaffen des Neuen sucht die Liebe eine Auseinandersetzung mit dem Bestehenden, um es so zu verwandeln, dass es durch das Neue bereichert werden kann. Wer nur das Vorhandene ändern will, wird in seinem Handeln von dem bestimmt, was andere gemacht haben. Weil er nichts Eigenes oder Neues hervorzubringen hat, nörgelt er an der bestehenden Welt herum und wirft ihr seine Unzufriedenheit vor, die in Wirklichkeit von seinem Mangel an schöpferischer Fantasie herrührt. Er verlangt von der Welt, sie möge für seine innere Erfüllung sorgen, und vergisst dabei, dass sie nur den Boden für sein eigenes freies Schaffen bereiten kann.

Eine wirklich erfinderische Liebe will in allem Bestehenden ein Werkzeug in der Hand des Künstlers in jedem Menschen sehen, der damit frei nach seiner schöpferischen Fantasie Neues gestaltet. Wer dagegen nicht in der Lage ist, Eigenes hervorzubringen, dem helfen auch keine Werkzeuge, dem hilft die ganze Welt nicht und noch weniger seine Kritik an ihr. Ein erfindungsreicher Maler ist nie damit beschäftigt, schon gemalte Bilder noch einmal zu übermalen – er will immer neue schaffen. Es geht ihm nie um das Verbessern des Alten, sondern immer um die Schöpfung des immer Besseren.

Die Liebe ist die Kraft, überall da einzugreifen und schöpferisch zu wirken, wo sich eine Möglichkeit dazu bietet. Und sie bietet sich überall: Wer liebevoll nach menschenfreundlichen Idealen strebt, findet immer eine Möglichkeit für die Taten seiner Freiheit. Dabei kommt es nicht auf die Anzahl der Dinge an, die er verwirklicht, sondern auf seine schöpferische Kraft, denn sie ist es, die den Menschen glücklich macht. Es kommt ihm dann so vor, als ob die ganze Welt nur geschaffen worden wäre, um sein eigenes Schaffen zu ermöglichen. Wer fantasievoll wirken kann, der wird so glücklich sein, so restlos beschäftigt, dass er keine Zeit übrig hat, über all das nachzugrübeln, was er nicht ändern kann oder was ihm nicht möglich ist.

Die Liebe erlebt nur diejenigen Ideale als beflügelnd und beglückend, welche die Kraft in sich tragen, auch Stück um Stück Wirklichkeit zu werden. Ein Ideal, das in keiner Weise in die Wirklichkeit eingreifen kann, wäre nichts als eine Schimäre, ein aus Wolken gebautes Luftschloss. Wenn man den Idealisten fragte: «Was hast du schon mit deinen schönen Idealen erreicht, schau dich doch um, es ist von ihnen wenig zu sehen!», könnte er antworten: «All meine Ideale sind schon immer eine kraftvolle Wirklichkeit in mir gewesen, sonst hätte ich die tausend Dinge nicht schaffen können, die mir bisher gelungen sind. Aber wie meinst du, ist denn die bestehende Wirklichkeit überhaupt zustande gekommen? Doch nur durch Menschen, die einmal eine Idee hatten und diese so schön fanden, dass sie sie zu einem Ideal für all ihr Streben werden ließen, um sie dann im Laufe der Zeit auch in der sichtbaren Welt zu verwirklichen.»

Das ist gerade dasjenige, was der trockene Verstand schwer verstehen kann, dass nämlich die Liebe zu den Idealen eine viel stärkere, wirksamere Kraft ist als aller trockene Realitätssinn der Welt, denn alles, was sichtbar ist, ist aus der Idee entstanden. Der kurzsichtige Realismus kann nicht einsehen, dass die innere Welt des Menschen – seine Gedanken, seine Ziele, seine Bestrebungen – viel mehr über den Lauf der Welt entscheidet als alle äußere Wirklichkeit. Der Idealist hat von dieser Grundwahrheit des Lebens so etwas wie eine angeborene Ahnung. Sein Verstand mag das nicht immer logisch erklären können, aber sein Herz fühlt es mit unerschütterlicher Gewissheit.

Wenn ein Mensch eine Entscheidung zu treffen hat, fragt er sich: «Was soll ich oder was will ich tun?» Wenn er die Antwort nur in Ratschlägen anderer sucht, wenn er sich ausschließlich von althergebrachten, allgemeinen Regeln leiten lässt, wenn er sich lediglich nach der bestehenden Wirklichkeit richtet, wenn er ganz nüchtern auf «Nummer Sicher» gehen will, löscht er in sich jeglichen Anflug von Erfindungsgabe, von Begeisterung aus, die ihm die Möglichkeit gegeben hätten, sich aus der eigenen Fantasie heraus die Ziele seines Handelns selbst zu setzen. Die einseitige Nüchternheit des Realismus entspringt der inneren Unsicherheit, die durch Anlehnung an die greifbare Wirklichkeit ein Gefühl der Sicherheit zu bekommen sucht.

Die Zeiten, in denen man seinen Seelsorger, seinen «Guru» oder ähnliche geistige Leitfiguren aufsuchte, um gleichsam von außen gesagt zu bekommen, «wo es langgeht», sind vorbei. Der wissenschaftlich geschulte Mensch von heute ist kein Kind mehr, das noch nicht in der Lage ist, eigenständig seinen Weg zu finden und deshalb jemanden braucht, der ihm seinen Weg weist. Der Erwachsene von heute, der innerlich unabhängige Mensch, möchte dem Leben und der Welt seinen ganz persönlichen Stempel aufdrücken, und dieser Stempel, dieses einzigartige Siegel, kann sich nur als gut erweisen, weil jeder Mensch in seinem innersten Wesen das Geschöpf einer göttlichen Liebe ist.

Jeder Mensch ist zum Künstler berufen, er hat die Fähigkeit, in jeder Lebenslage etwas Ureigenes zustande zu bringen. Keiner braucht von außen belehrt oder ermahnt zu werden, wenn er ehrlich bestrebt ist, sein Bestes zu geben. Jeder Mensch hat in sich genügend Erfindergeist, genügend Begabungen und Fähigkeiten, um selbst entscheiden zu können, wie er sich bei jeder Begegnung verhalten will. Was er zu tun hat, das tut der freie Mensch freiwillig, weil er weiß, dass diejenige Pflicht zu Recht besteht, deren Erfüllung als Grundlage für die Freiheit aller dient. Der Mensch, der seine und des anderen Freiheit liebt, weil er sie als das höchste Recht und die heiligste Pflicht zugleich empfindet, ist der größte Idealist und Realist in einem. Die innere Kraft, die den Menschen zu einem solchen idealistisch-realistischen Künstler macht, ist die Kraft der Liebe.

Die Liebe zu Idealen schafft die Wirklichkeit

Jeden Menschen bewegt irgendwann die Frage: «Wie ist die Welt entstanden, diese Welt, die ich mit meinen Augen sehe und mit meinen Händen greifen kann?» Die Antwort findet er, wenn er auf die Welt schaut, die der Mensch hervorgebracht hat. Auch da kann er fragen: «Wie ist die Welt der Technik mit all ihren Maschinen zustande gekommen? Wie alle Entdeckungen und Erfindungen?» Und die Antwort kann nur lauten: Bevor all diese Maschinen sichtbare Wirklichkeit wurden, lebten sie als Gedanken der Menschen. Alles, was der Mensch geschaffen hat, war ursprünglich eine Idee, es war ein Gedanke. Eine Idee, die ein Wissenschaftler, die ein Forscher in seinem Denken hervorbringt, kann so verlockend sein, dass er sich regelrecht in sie verliebt. Er kann gar nicht anders, als sie verwirklichen zu wollen. Sie wird in ihm zu einem kraftvollen Ideal, sie reißt ihn mit sich fort, und sie gibt ihm keine Ruhe, bis sie zur sichtbaren Tatsache geworden ist.

So ist es, wo immer Menschen wirken: Die schöpferische Idee wird durch die Kraft der Liebe zum begeisternden Ideal, das danach strebt, in Erscheinung zu treten, äußerliche Wirklichkeit zu werden. Selbst der trockenste Realist muss zugeben: Ohne Ideen, die zu Idealen werden, könnte ich nichts von dem vor mir sehen, was ich Wirklichkeit nenne. Jede Annahme, jede wissenschaftliche Hypothese, ist zunächst nichts anderes als eine Idee, eine Intuition. Bei seinen Versuchen, bei seinen Experimenten wird dem Wissenschaftler seine Idee zu einem Ideal, er will in der objektiven Welt etwas zustande bringen, was seine Idee, seine Erfindung bestätigt, was seine Entdeckung für alle nachvollziehbar «ent-deckt», also sichtbar macht. So ist das Rad erfunden worden, so die Uhr, der Computer und das Flugzeug. Es sind die Gedanken der Menschen, die die Welt der Technik schaffen. Nur eine geistverlassene Menschheit kann annehmen, die materielle Welt sei die einzig wirkliche und die Ideen des Menschen seien keine Wirklichkeit.

Der Wissenschaftler, der die sinnliche Welt für die einzig wirkliche hält, hat niemals tiefer über seine eigene Tätigkeit nachgedacht, hat niemals bedacht, dass sie selbst es ist, die seine Theorie Lügen straft. Denn es sind seine Gedanken, die entscheiden, wie die äußere Wirklichkeit aussieht, durch sie wird sie erzeugt. Dass mancher Forscher sich mehr in die Idee irgendeiner Maschine verliebt als in einen Menschen, dass er für eine Erfindung mehr Liebe und Begeisterung aufbringt als für den Menschen, der mit ihm das tägliche Leben teilt, bestätigt nur die Tatsache, dass die *Liebe* überall die treibende Kraft ist, wo Menschen nach Zielen streben.

Und manche Frau hätte weniger gegen die Verliebtheit ihres Mannes in sein tolles Auto, wenn er nur einen Teil desselben Interesses und derselben Aufmerksamkeit auch für sie übrig hätte. Nicht die vorhandene Liebe zur Maschine empfindet sie als das Schlimme, sondern die nicht vorhandene Liebe zum Menschen. Man kann heute schon eine Generation von Elf- und Zwölfjährigen erleben, die, wenn Tante oder Onkel zu Besuch kommen, kaum aufmerken, weil sie in ihren Computerspielen nicht gestört werden möchten. So beseligend auch immer die Liebe zum Fortschritt in Wissenschaft und Technik sein mag, die Liebe zum Menschen kann tausendmal beseligender sein – und der Mensch hat es auch tausendmal mehr nötig! Denn auch die Liebe zur materiellen Welt kann erst dann richtig Freude machen, wenn sie aufhört Selbstzweck zu sein und anfängt der Liebe zum Menschen zu dienen.

Wie viel Idealismus und wie viel Realismus gibt es im Leben der Mutter eines neugeborenen Kindes? Wenn sie nur eine nüchterne Überlegung anstellen würde, was wäre dann so entzückend an dem Leben mit ihrem Kind? Was wäre so besonders an dem Kleinen, der alle naselang geputzt und gewickelt werden muss, der schreit und nicht sagen kann, warum er schreit, der die ganze Zeit der Mutter beansprucht und sie noch nicht einmal nachts schlafen lässt? Das ist die ernüchternde Realität, wenn man die Sache ganz sachlich ansehen will, und – kein Zweifel – viele Väter haben in dieser Hinsicht eine viel größere Neigung zum Realismus.

Auch eine Mutter erlebt die Last, die mit der Pflege eines kleinen Kindes verbunden ist. Aber da spielt wieder einmal die weibliche Fantasie die wichtigste Rolle. Weil im Leben ihres Kindes bisher noch sehr Weniges äußerliche Wirklichkeit geworden ist, überlässt die Mutter den nur lähmenden Realismus anderen, während sie selbst sich für ihr Kind ein ganz und gar ideales Leben erträumt. Das schönste Leben malt sie sich für ihr Kind aus, denn schließlich ist ihr Kind nicht irgendein Kind, sondern *das* Kind!

Im Kind sieht die Mutterliebe *den* Menschen schlechthin, den idealen Menschen in all seiner Schönheit und Vollkommenheit.

Was gibt denn einer Mutter die Kraft, all das zu tun, was sie in der ganz realen Welt zustande bringt und was viele nüchterne, vernünftige Männer nicht zustande bringen würden? Es ist die Kraft der Liebe, nicht allein der natürlichen Liebe für ihr Kind, sondern vor allem die Kraft der Ideale, die viel mehr in der Wirklichkeit bewirken als der kühle Verstand allein. Wie wären schließlich all die Errungenschaften menschlichen Denkens und Handelns zustande gekommen, wenn keine Mutterliebe all die Wissenschaftler und Techniker der Welt einmal umsorgt und großgezogen hätte, als sie noch klein waren?

Der Verstand versteht die Welt nur, die Liebe gestaltet sie, und um schöpferisch zu werden, braucht der Verstand immer die Liebe. Keine Mutter könnte ohne die Kraft der Liebe das leisten, was viele Mütter leisten. Jede Mutter weiß, dass ihr Kind auf die Welt gekommen ist, um sich so weit wie möglich als Mensch zu verwirklichen, um so viel wie möglich an Wahrheit, Güte und Schönheit zu erleben, um so viel wie möglich selbst lieben zu können. Die Mutter wünscht ihrem Kind das Beste, was es im Leben gibt, alles Schöne und Gute – nicht ein Drittel davon, auch nicht drei Viertel, sondern alles. Sie weiß, dass man als Erwachsener schon von Glück reden kann, wenn es einem schließlich gelingt, nur einen Bruchteil der schönsten Ideale in die Tat umzusetzen. Natürlich «weiß» sie das, denn sie kennt ja auch die andere Seite der Wirklichkeit. Umso glücklicher macht es sie, dass sie hier ein kleines Kind vor sich hat, ihr Kind, bei dem noch alles offen ist, noch unentschieden, was für ein Mensch es einmal werden wird. Denn eines weiß sie ganz sicher: Wenn die Ideale der Zukunft sich verwirklichen sollen, bedürfen sie jetzt der ganzen Kraft ihrer Liebe.

Mutterliebe ist die Verkörperung der naturgegebenen Liebe zum Menschen, ist die Liebe zu allem, was jeder Mensch in seiner Entwicklung im Sinne des Guten werden kann. Schon an der Wiege sieht die Mutter, wie ihr Kind einmal aufrecht gehen, wie es sprechen und denken lernen wird, drei Fähigkeiten, die den Menschen vom Tier unterscheiden, die ihn zum Menschen machen. Die Liebe der Mutter zu dieser dreifachen Menschwerdung kann der Mensch als Erwachsener später in ganz bewusst und frei entwickelte Fähigkeiten verwandeln und auf eine höhere Stufe heben: in die Liebe zur Bewegung, zur Sprache und zum Denken als schöpferische Künste.

Das Kind lernt gehen, sprechen und denken aus *natürlicher Liebe*. In der Mutterliebe, der *menschlichen Liebe*, halten sich das Unbewusste der Natur und das voll erwachte Bewusstsein das Gleichgewicht. Im Erwachsenen kann die vollbewusste *Liebe zum Menschen* zu einer Errungenschaft der individuellen Freiheit werden.

In den Evangelien heißt es: «Wenn ihr nicht werdet wie die Kinder, werdet ihr nicht in das Reich des Geistes eintreten können.» Es heißt, wenn ihr nicht *werdet* wie die Kinder, und nicht, wenn ihr nicht *bleibt* wie die Kinder. Nur ein Erwachsener kann noch einmal zum Kind werden, indem er ganz bewusst und individuell wieder aufgreift, was er als Kind unbewusst gelernt hat. Während das Kind die Fähigkeit des Denkens zuletzt erringt, weil Gehen und Sprechen die Voraussetzungen dafür bilden, muss später der Erwachsene mit dem Denken beginnen, denn nur das Denken ermöglicht ihm, eine neue Stufe des Denkens, des Sprechens und des Gehens auf freie Weise zu erringen.

Liebe zum Denken als Liebe zum Menschen

Das Denken macht den Menschen erst zum selbständigen, freien Wesen. In dieser Selbständigkeit ist alle Würde des Menschen begründet. Einen Menschen zu lieben heißt, seine Fähigkeit zu denken über alles andere zu lieben und zu fördern: seine Fähigkeit, immer besser, immer eigenständiger und schöpferischer zu denken. Jede gute Erziehung möchte vor allem eigenständiges, kreatives Denken fördern, um den jungen Menschen zu befähigen, sich ein ganzes Leben lang eigene Gedanken über alle Phänomene der Welt zu machen. Die Freiheit des Handelns ist mit der Freiheit des Denkens untrennbar verbunden. Unfrei ist ein Mensch, der von den Gedanken, von den Anweisungen, von der Fachkenntnis eines anderen ganz abhängig ist, weil er dessen Gedanken nicht durch die eigenen bewerten kann. Frei ist der Mensch, der in allen Bereichen des Lebens urteilsfähig ist, urteilsfähig auch über das Denken und Tun der Fachleute.

Wer die Denkkraft, die in jedem Menschen schlummert,

zu schätzen weiß und fördern möchte, wird das Denken lieben wie eine Mutter ihr Kind. Er sieht voller Hoffnung in jedem Erwachsenen jemanden, der erneut wie ein Kind werden kann, indem er seinem Denken eine Neugeburt verschafft. Die Natur gibt jedem Menschen zwar die Fähigkeit, immer schöpferischer zu werden in seinem Denken, aber sie hütet sich, ihm das schöpferische Denken zu schenken, denn wenn sie es täte, würde sie ihm die schönste Aufgabe seiner Freiheit vorenthalten.

Die Frage, ob der Mensch frei ist oder nicht, ist demzufolge ganz verkehrt gestellt. Der Mensch *kann* durch seine innere Entwicklung immer freier *werden*, er muss es aber nicht. Dasjenige Denken, das die Natur gibt und das von den Kräften der Vererbung abhängt, kann nicht zugleich eine freie Errungenschaft des Menschen sein. Und das Denken, das erst frei errungen werden darf, kann nicht schon von der Natur gegeben sein. Der Mensch will selbst die Erfahrung machen, dass es möglich ist, immer lebendiger und schöpferischer zu denken, weil er nur auf diese Weise die Wirklichkeit seiner eigenen Freiheit selber hervorbringt.

Um dem Menschen die Freiheit absprechen zu dürfen, müsste man beweisen können, dass die selbsttätige Weiterentwicklung des Denkens nicht möglich ist. Aber beweisen zu wollen, dass etwas unmöglich ist, ist wissenschaftlich gesehen selbst ein Ding der Unmöglichkeit, ist ein logisch vollkommener Widerspruch. So wie der Nachweis, dass etwas möglich ist, noch kein Beweis dafür ist, dass es auch wirklich ist, so ist der Nachweis, dass etwas nicht verwirklicht ist, noch kein Beweis, dass es unmöglich ist. Es ist möglich, dass ein Kind zum Erwachsenen wird, es muss aber nicht geschehen; und aus der Tatsache, dass ein Kind nicht erwachsen ist, folgt nicht, dass es ihm unmöglich ist, es zu werden.

Die Natur gibt dem Menschen ein bloß empfangendes Denken, das mit einem hohen Grad an Automatismus die sinnlichen Wahrnehmungen in Vorstellungen, in leblose Bilder umsetzt. Der Sinn dieser toten Spiegelbilder des Bewusstseins ist nichts anderes als die Freiheit des Menschen: Nur dadurch, dass das naturgegebene Denken von sich aus nichts als tote Spiegelbilder erzeugt, hat der Mensch die Möglichkeit, durch eigene, freie Tätigkeit mehr und mehr Leben in sein Denken hineinzubringen. Wem dies gelingt, wird die Erfahrung machen, dass nichts auf der Welt wichtiger ist als die Fähigkeit zu denken, denn vom Denken hängt alle weitere Entwicklung zur inneren Freiheit ab und damit auch zum Handeln aus Liebe. Ohne Freiheit gibt es keine moralische Verantwortung, ohne Verantwortung gibt es keine Moral, kein Gut und kein Böse. Wer das moralische Gewicht des Denkens erkennt, der wird seine ganze Liebe der Förderung des Denkens in jedem Menschen widmen.

Einen Menschen zu lieben heißt, in ihm den schöpferischen Geist zu sehen, der aus sich heraus kraft seines Denkens immer einsichtiger und verantwortungsvoller mit Mensch und Welt umgehen kann. Einen Menschen wahrhaft zu lieben bedeutet, dessen Denkkraft unbegrenzt zu vertrauen, jenem göttlichen Funken in ihm, der unendliche Entwicklungsmöglichkeiten in sich birgt. Jeder Mensch möchte in seiner Urteilsfähigkeit geliebt werden, er wird sich bemühen, sie in sich zu fördern, sie nach allen Seiten zu erweitern und zu vertiefen. Um dies zu tun, muss er das individuelle Denken als höchstes moralisches Gut, als das Heiligste jedes Menschen ansehen.

Bedeutsam ist in dieser Hinsicht die Erzählung im Johannes-Evangelium, wo Christus beim Verhör auf das Urteilsvermögen seiner Zuhörer verweist. Die Autorität verlangt von ihm Rechenschaft über das, was er gelehrt, was er dem Volk beigebracht hat. Christus erwidert, er habe in aller Öffentlichkeit gesprochen, zu mündigen Menschen. Man frage doch diese über seine Lehre. Daraufhin gibt ihm einer der Diener eine Ohrfeige, ein Mensch, der sich nur als Empfänger und Ausführer der Gedanken und Befehle anderer erlebt. Christus sagt zu ihm: Er soll selber, mit seinem eigenen Denken beurteilen, ob seine Worte für die gegebene Situation den Menschen helfen oder nicht.

Manchem Forscher mag es schwer fallen, sein wissenschaftlich geschultes Denken nur als die erste Stufe des Denkens zu sehen, ein Denken, das er noch weitgehend der Natur schuldet und das als Grundlage für den nächsten Schritt dienen kann, für das lebendige, freie Denken. Aber er schaue sich doch um, was dieses Denken, das von der Natur gegeben wird und das nur die sinnliche Welt versteht, bisher hervorgebracht hat: eine kalte, menschenfeindliche, wenn nicht sogar bedrohliche Welt. Das natürliche Denken hat eine *Naturwissenschaft* hervorgebracht, welche die Innerlichkeit des Menschen ignoriert und droht, seine Umwelt zu zerstören. Das frei zu erringende Denken hat die Aufgabe, eine *Geisteswissenschaft*, eine Wissenschaft vom Menschen als freiem, schöpferischem Geist hervorzubringen. Und was in die Freiheit des Menschen gestellt ist, kann dieser nur erreichen, wenn er es mit all seinen Kräften *liebt.*

Kaum eine Kunst kann dem Menschen so viel Befriedigung bringen wie die Kunst des Denkens. Das Schönste im Leben eines Menschen sind seine schönen Gedanken. Manche mögen hier einwenden, dass die Liebe doch mehr Freude bereiten könne als das Denken, dass warme Gefühle eher glücklich machten als «blasse» Gedanken. Man kann aber fragen: Was bliebe von der Liebe, wenn man die Gedanken wegnähme? Es bliebe gar nichts! Jemanden lieben heißt, viel Liebenswertes in ihm *erkannt* zu haben, und diese Erkenntnis ist dem Denken zu verdanken. Je klarer man in seinem Denken die «liebenswürdigen» Eigenschaften eines Menschen erkennt, umso stärker und dauerhafter wird auch das Erlebnis der Liebe sein. Viele suchen die Liebe als wohltuendes Gefühl, ohne ihrem Denken dabei viel Beachtung zu schenken, und sie wundern sich, sind enttäuscht und ratlos, wenn ihre Liebe immer leerer und lauer zu werden scheint. Das ist nicht weiter verwunderlich, weil die Liebe als Gefühl immer als Geschenk, als Zugabe zu der Liebe zum Denken kommt.

Die Liebe ist weniger die Kraft, Großes zu tun, als vielmehr die Kraft, selbst die kleinste Handlung mit innerer Größe zu vollbringen. Und die innere Größe eines Menschen liegt in der Tiefe und in der Weite seiner Gedanken. Den Menschen lieben heißt, die unerschütterliche Überzeugung in sich tragen, dass in jedem Menschen ein Quell der moralischen Fantasie liegt, aus dem unaufhörlich originelle, einzigartige Schöpfungen entspringen können: Gedanken, durch die alle Dinge der Welt in ihrem tiefsten Wesen und Sinn erkannt werden, moralische Eingebungen, durch die jeder Mensch weiß, was er in der Welt zu tun hat, auf welche Weise er Mensch und Welt bereichern kann.

Wenn ein Goethe keine Ideen gehabt hätte, um sie in seinem *Faust* zum Ausdruck zu bringen, was hätte ihm die ganze Schönheit der deutschen Sprache genützt? Wozu wären dann all sein Papier und seine Tinte gut gewesen? Das Werk Goethes ist wie eine großartige Bühne, auf der sich herrlich schöpferische Eingebungen begegnen, geniale Intuitionen, unzählige Gedanken, die in alle Geheimnisse des Lebens eintauchen und diese von den verschiedensten Seiten zu beleuchten versuchen. Was sind ein am Ende beinah liebenswert gewordener Mephisto und ein verklärtes Gretchen, das Faust nach seinem Tod im Himmel mit offenen Armen empfängt, anderes als unsterbliche Gedankenschöpfungen aus Goethes Geist?

Kein Mensch ist imstande, die Welt der Steine, der Pflanzen, der Tiere und der Menschen mit seinen eigenen Gedanken zu schaffen und äußerlich noch einmal zu verwirklichen. Diese Schöpfung ist das Werk von Wesen, deren Kraft des Denkens dem Menschendenken weit überlegen ist. Solche Wesen können nur dem Menschen die Fähigkeit zu denken gegeben haben, um ihre Freude an der Erschaffung der Welt auf menschliche Art wiederholen zu können. Der heute überbordende Materialismus übersieht die Rolle des Denkens, verkennt seinen Wert völlig. Er scheint nicht mehr zu wissen, dass die Quelle aller äußerlichen Wirklichkeit immer der Gedanke ist, der im Wort seine erste Gestalt und in den Handlungen seine sichtbare Form annimmt. Den Quarz, die Tulpe und die Giraffe haben sich die Schöpfer der Welt ausgedacht. Das Rad, den Wagen, die Mühlen und die Uhren haben Menschen durch menschliche Gedanken erschaffen! Was wäre die Welt ohne die Erfindungen menschlichen Denkens? Wie kann man behaupten, sich Gedanken über die Dinge zu machen, sei eine unnütze Zeitverschwendung?

Ist nicht der Gedanke des Rades, ohne das die heutige Welt wirklich anders aussähe, in höchstem Maße bewundernswert? Das Leben eines Menschen ist so schön oder unschön wie seine Gedanken, es ist so kurz- oder langweilig, wie es in seinem Denken zugeht. Das Denken ist die höchste Form der Liebe und die Einsicht in eine Sache ist die tiefste Liebesbezeugung zu ihr. Wenn das Denken etwas in seinem tiefsten Wesen erfasst, wird der Mensch eins mit dem Erkannten. Ein Leitspruch der aristotelisch-thomistischen Denkströmung lautet: Der Erkennende in seiner denkenden Tätigkeit und das Erkannte im Vollzug des Erkanntwerdens sind eins – auch numerisch eins! Das Denken ist die Aufhebung aller Entfremdung zwischen Mensch und Welt, zwischen Mensch und Mensch, es ist die vollkommenste Form der Liebe, denn was heißt lieben anderes, als eins werden zu wollen mit dem Geliebten.

Ein guter, zukunftsträchtiger Gedanke über meine gegenwärtige Lage verschafft mir Freude, er gibt mir die Kraft, die ich brauche, um auf meinem Lebensweg voranzuschreiten. Selbst die tiefsten Abgründe werden mit den richtigen Gedanken überbrückt. Auch wenn die Kluft, die ich vor mir sehe, schrecklich ist, wenn sich ein wahrer Höllenschlund vor mir auftut und meine Lage verzweifelt aussieht, können mich meine Gedanken immer retten. In ihnen kann ich die Kraft finden, die mich niemals aufgeben lässt. Das Denken ist die reichste Kraftquelle des Lebens, mit dem Denken kann ich auch die stärksten Widerstände überwinden.

Liebe zum Sprechen und Liebe zum Gehen

In Goethes Märchen von der grünen Schlange und der schönen Lilie wird auf die Frage: «Was ist erquicklicher als Licht?» die Antwort gegeben: «Das Gespräch». Im Unterschied zum Tier kann der Mensch sprechen, er kann durch die Sprache dem anderen seine Gedanken mitteilen, es kommt zu einem Gedankenaustausch zwischen den Menschen: Was einen Menschen im Inneren seiner Seele bewegt, wird auf den Flügeln der Worte nach außen getragen; der andere erfasst mit seinem Denken die in den gesprochenen Worten enthaltenen Gedanken, er versteht den Sinn dessen, was der andere ihm sagen will, und die Trennung zwischen Mensch und Mensch wird aufgehoben. Das gleichförmige Licht des Denkens wird sozusagen durch die Sprache, durch das Gespräch, zur bunten Welt der Farben, das Denken wird von jedem Menschen in einer anderen Farbnuance zur Sprache gebracht.

Im Griechischen gibt es das Zauberwort «Logos», das

sowohl das «logische» Denken als auch das Aussprechen der Gedanken durch das Wort bedeutet. Der Mensch wurde als Geschöpf des göttlichen Logos gesehen, des sich in der Welt und durch die Welt aussprechenden göttlichen Denkens. Er ist selber des Denkens und des Sprechens fähig, dazu fähig, immer schöpferischer zu werden in seinem Denken, immer beredter im Aussprechen seiner Gedanken durch das Wort. Kein Wunder, dass im Johannes-Evangelium jenes Wesen, das die reinste und tiefste Liebe zu allen Menschen in sich hegt, jenes menschlich-göttliche Wesen, das die Denk- und Sprachfähigkeit aller Menschen über alles liebt, «Logos» genannt wird. Dieses Wesen gibt jedem Menschen die Kraft, schöpferische, dem Weltgrund entströmende, den Weltsinn erfassende und das Weltziel liebende Gedanken hervorzubringen, von ihm lernt der Mensch die Kunst, Worte der Liebe auszusprechen, die das Herz mit Begeisterung füllen können.

Die Natur ist Ausdruck, Sprache des göttlichen Geistes. In jedem Stein, jeder Pflanze, jedem Tier spricht der Geist zu dem Menschen. Es liegt an dem Menschen, diese Sprache des schöpferischen Geistes immer besser verstehen zu lernen. Die Welt ist nie stumm für den, der ihr zu lauschen weiß, sie spricht immerzu, es sind liebevolle Worte, die das innere Wesen der Dinge – auch das des Menschen – in Gedanken aussprechen, verständlich für den, der sie liebt. In Worten spricht der Mensch für seine Mitmenschen aus, was er denkt, was er fühlt und will. Auch Parzival musste erst einen langen Weg gehen, ehe er die wichtige Frage *aussprechen* konnte, die Frage nach dem Leiden des Amfortas. Jede Frage ruft eine *Ant-Wort* hervor, sie sehnt sich nach dem Wort, das von dem anderen Menschen zurückkommt und beiden die Gemeinsamkeit im Denken erlebbar macht.

Was gewinnt der einsame Denker durch die Sprache? Was wird den stummen Gedanken durch das Gespräch hinzugefügt? Doch die Gedanken des anderen Menschen! Sie gewinne ich zu meinem Denken hinzu, wenn ich mich mit ihm ausspreche. Durch das Gespräch – ein Urbild davon sind die platonischen Gespräche – bekommt der Mensch eine Ahnung davon, wie unermesslich, wie schier unerschöpflich die Weltvernunft ist, wenn doch schon ihre besondere Widerspiegelung im Denken jedes einzelnen Menschen unerschöpflich ist.

Das eigene Denken dient dem Weltverständnis, das Gespräch miteinander dient der Menschenverständigung. Menschen verständigen sich im Gespräch darüber, dass die Welt unerschöpflich ist, dass das Denken eines jeden immer nur gewisse Gesichtspunkte ins Auge fassen kann. Jeder kann richtige Gedanken denken und jeder kann nur gewinnen, wenn er sie durch die Gedanken des anderen ergänzt. Im Denken kann der Mensch die Einheit der Welt erleben, im Sprechen die Mannigfaltigkeit ihres möglichen Ausdrucks. Die Welt ist ein höchst bestaunenswertes Kunstwerk, ein unendlicher Reichtum kristallisierter Gedanken, und jeder Mensch ist eine ganz einzigartige Spiegelung dieser Unendlichkeit.

Mit der Sprache drückt der Mensch nicht nur seine Gedanken aus, sondern auch seine Absicht zu handeln, das, was an Willensimpulsen, an Idealen und Lebenszielen in ihm nach Verwirklichung in der äußeren Welt drängt, was nicht nur ausgesprochen, sondern auch ausgeführt, in die Tat umgesetzt werden möchte. Am Ende eines Gesprächs, wenn alles gesagt worden ist, stehen die Menschen auf und *gehen* auseinander, jeder dorthin, wo er seinen besonderen Platz hat, wo seine jeweilige Tätigkeit ihn erwartet. Jeder geht seinen eigenen Weg, mit seinen eigenen Beinen und Füßen, auf seine ganz individuelle Weise.

Das aufrechte Gehen ist das Erste, was das Kind sich erobert, noch bevor es sprechen und denken lernt. Woher kommt diese erste Liebe des Kindes, das Streben in die Aufrechte, woher die unbeschreibliche Freude, die das Kind zeigt, wenn es seine ersten Schritte gehen kann, ganz ohne Hilfe, ohne jede Stütze?

Das selbständige Gehen ist der erste Schritt in die Freiheit, in die freie Beweglichkeit in Raum und Zeit. Ein Zug *fährt* viele Menschen gleichermaßen zu einem gemeinsamen Ziel, aber dann steigen sie alle aus und jeder fängt an zu *gehen*: Jeder richtet seine Schritte nach dem, was er zu erledigen hat, jeder weiß in seinem Kopf ganz genau, wohin er zu gehen und was er zu tun hat. Und glücklich macht es den Menschen weniger, wenn er sich fahren lässt, als wenn er selbst aus eigener Kraft gehen kann. Die Wege, die ein Mensch in seinem Leben zurücklegt, die unzähligen Schritte, die er macht, tragen den Stempel seiner einmaligen Individualität. Es ist ganz unmöglich, dass zwei Menschen genau dieselben Wege gehen, oder auch nur in derselben Weise gehen würden.

Denken und Gehen stellen eine wunderbare Polarität dar, die durch das Sprechen einen Ausgleich findet, denn sprechen kann man über das, was man denkt, und auch über das, was man tut. Im Denken streben die Menschen nach Einigung, nach dem Allgemeingültigen, nach der für alle geltenden Wahrheit. Gehen tut jeder auf seine ganz individuelle Weise, weil die Wege des Schicksals, die jeder Mensch zu gehen hat, einmalig sind, weil der Beitrag, den jeder in seinem Handeln zu leisten hat, einzigartig ist. Das Gehen, die Bewegung der unteren Gliedmaßen, ist die Voraussetzung für das Handeln: Die Füße eines Menschen tragen ihn dorthin, wo seine Hände etwas zu vollbringen haben, wo er Handlungen und Taten für seine Mitmenschen zu tun hat, für die nur er die nötige Begabung hat. Wie die Wege, die er geht, so sind auch die Taten eines Menschen ganz einmalig. Einen Menschen in seiner unverwechselbaren Individualität zu lieben, heißt ihm die Wege ebnen, die er gehen will, die er gehen muss, um seine ganz individuellen Begabungen für das Wohl aller Menschen durch seine Taten einzusetzen, um eine Aufgabe für die Menschheit zu erfüllen, die allein er erfüllen kann.

Liebe zu einem Menschen, Liebe zu allen Menschen

Wenn die Liebe mehr als nur Selbstgenuss sein will, wenn sie sich bemüht, sich die Angelegenheiten des anderen zu Eigen zu machen, dann wird sie bestrebt sein, immer besser zu erkennen, was ein Mensch in der Menschheit, was er für sie und was sie für ihn ist. Wer einen Menschen liebt, wird auch all das wichtig nehmen, was er für sein Dasein von den anderen benötigt, er wird auch all das fördern, was dieser Mensch seinen Mitmenschen geben kann. Und die ganze Menschheit als einen lebendigen, übersinnlichen Organismus zu lieben heißt, immer besser die tausend Wege zu erkennen, wie alle einzelnen Menschen und alle Völker sich ineinander gliedern, um sich gegenseitig zu fördern. Was in der heutigen Menschheit am dringendsten Not tut, sind Menschen, die in ihrem denkenden Bewusstsein die gesamte Menschheit als einheitlichen Organismus tragen, sie so geistesgegenwärtig haben, dass diese Liebe zum inspirierenden Quell selbst bei den kleinsten Handlungen im Alltag werden kann.

Einen Menschen zu lieben heißt, jenen zweiten Menschen in ihm über alles zu lieben, der aus reiner Nächstenliebe besteht und schon immer um seine Lebensaufgabe weiß. Er ist der Lebenskünstler, der jeden Schritt seines aufrechten Ganges dorthin richtet, wo er für seine Mitmenschen etwas zu tun hat. Jeder Mensch trägt einen unsichtbaren Zwillingsbruder in sich. In jedem Menschen gibt es ein selbstsüchtiges Ich, das vor allem an sich denkt, und ein liebendes Ich, das von der Liebe zu allen Menschen lebt. Ich kann nicht den Menschen lieben, mit dem ich hier und jetzt zu tun habe, ohne an die Menschen zu denken, zu denen er gehört, an die ganze Menschheit in ihren vielschichtigen Verzweigungen, in ihrem gemeinsamen Ringen. Und wenig nützt es mir und den anderen, in einer Liebe zur ganzen Menschheit zu schwelgen, ganz allgemein, ohne mich um den einzelnen Menschen zu kümmern, der jetzt gerade in seiner Bedürftigkeit an meine Türe klopft.

In der zweifachen Liebe zum Menschen – zum Einzelnen wie zur gesamten Menschheit – wird die freie Entfaltung des Einzelnen um der universellen Brüderlichkeit willen geliebt, um dessentwillen, was nur der Einzelne in seiner Einmaligkeit in die ganze Menschheit einbringen kann; und die alle Menschen umfassende Solidarität wird um der Freiheit des Einzelnen willen geliebt, als notwendige Grundlage für die individuelle Entfaltung und für das freie Schaffen eines jeden Menschen. Die Menschheit um des Einzelnen willen lieben und den Einzelnen um der Menschheit willen: Im Ringen um das Gleichgewicht dieser zweifachen Liebe erlebt der Mensch die Herzenswärme, die sich in Kopf und Gliedmaßen gießt, die den Gedanken Licht und den Taten Kraft verleiht.

Die zweifache Liebe zum Menschen ist wie die Liebe zur zweifachen Welt, in der der Mensch lebt, zur Welt des Geistes und zur Welt der Materie. Denn der Mensch ist das Kunstwerk der gegenseitigen Liebe von Geist und Materie, er ist das Wesen in der Welt, in dem Geist und Materie sich tausendfach gegenseitig fördern. Die Liebe zum Geist wird menschlich, wenn der Geist der Materie zuliebe geliebt wird, weil die Materie ohne Geist leer bleibt, unfähig, das Herz des Menschen zu füllen. Und die Liebe zu allem Materiellen wird nur dann menschenfreundlich, wenn alles Materielle dem Geist zuliebe geliebt wird, als

Ort der Menschwerdung des Geistes, als Ort, wo allein die Taten der Liebe zum Fleisch und Blut des Menschen werden können.

Wer die Welt der Materie verachtet, entzieht dem Geist jede Möglichkeit, Fleisch zu werden und als Geist im Menschen wirken zu können. Wer den Geist verkennt oder gar missachtet, beraubt die Welt der Materie ihres Glanzes, ihrer wahren Schönheit. Man möchte meinen, der einseitige Spiritualist sei der, der den Geist schätzt und die Materie verschmäht, und der einseitige Materialist sei der, der die Materie würdigt und den Geist missachtet. Aber tiefer besehen verachtet der einseitige Spiritualist am allermeisten den Geist, weil er ihn entleibt, ihm seine Menschlichkeit nimmt, und der einseitige Materialist missachtet vor allem die Materie, weil er den geistigen Schatz nicht kennt, den sie in ihrem mütterlichen Schoß birgt.

Liebe als Ausgleich
von Freiheit und Brüderlichkeit

Der soziale Organismus ist die Verkörperung der menschlichen Liebe. Die drei Grundkräfte der Liebe – die Liebe zur Freiheit jedes Einzelnen, die Liebe zur Solidarität aller Menschen untereinander und die Liebe zum Menschen in jedem Menschen – finden ihren Ausdruck in der dreigliedrigen Gestaltung der gesellschaftlichen Ordnung. Es sind die drei Bereiche des Lebens, die nur die Genialität der Liebe in ihrer jeweiligen Eigenart und in ihren wechselseitigen

Abhängigkeiten erkennen und würdigen kann.

Ein erster Bereich umfasst alle wirtschaftlichen Tätigkeiten, bei denen es darum geht, die zum körperlichen Leben aller Menschen notwendigen Waren und Dienstleistungen herzustellen und für den Verbrauch aller in Umlauf zu bringen. Die Wirtschaft gedeiht durch eine ganz besondere Erscheinungsform der Liebe, die man die Kunst der *Solidarität* oder der Brüderlichkeit nennen kann. Vor allem die moderne Wirtschaft ist für die Befriedigung reiner Bedürfnisse auf Arbeitsteilung gebaut, und Arbeitsteilung heißt: Jeder ist auf die Arbeit der anderen angewiesen, jeder kann nur für die anderen arbeiten und keiner für sich. Das natürliche Gesetz der Wirtschaft ist die gegenseitige Liebe, die gegenseitige Hilfe aller Menschen untereinander. Nur durch die Verinnerlichung dieser Gesinnung im Herzen jedes Einzelnen können die wirtschaftlichen Abläufe harmonisch und menschenfreundlich gestaltet werden. Liebe bedeutet in der Wirtschaft: Die Menschen stellen sich gegenseitig all die Werkzeuge zur Verfügung, die jeder braucht, um sich als begabte und freie Individualität seinem schöpferischen Geist, seinen künstlerischen Tätigkeiten, seinen aufkeimenden Fähigkeiten widmen zu können, sie für die anderen einzusetzen. Durch die gegenseitige Hilfe wird es jedem möglich gemacht, alle seine Bedürfnisse – nach Essen, Trinken, Kleidung, Ausbildung, Gesundheitspflege, Wohnung und so weiter – zu befriedigen.

Ein zweiter eigenständiger Bereich des sozialen Zusammenlebens entsteht durch eine andere, ganz besondere Art der Liebe, nämlich durch das berechtigte Bestreben jedes einzelnen Menschen, bei der Herstellung von Waren und Dienstleistungen seine Fähigkeiten auf freie Weise zur Geltung zu bringen. In der Liebe zum freien, individuell zu gestaltenden Schaffen soll jeder sein eigenes Tätigkeitsfeld finden, weil er allein wissen kann, welche Fähigkeiten er hat und wie sie am besten zum Wohl der Allgemeinheit eingesetzt werden können. Zu diesem Bereich gehören die Pflege der Kultur, die wissenschaftliche Forschung, die Kindererziehung sowie die Förderung aller Begabungen, alle künstlerische Tätigkeit und der religiöse Umgang mit der Welt des Geistes. In diesem Bereich ist die treibende Kraft die Liebe zur *Freiheit*, und zwar zur Freiheit im Sinne der freien Initiative jedes Menschen in seinem Umgang mit den eigenen Talenten und Fertigkeiten.

Die Liebe zur Solidarität und die Liebe zur Freiheit können nur als spannungsvoller Gegensatz erlebt werden, die Anliegen der Freiheit und diejenigen der Solidarität müssen immer, um gesund zu bleiben, einander entgegenstreben. Wer sich einseitig für die individuelle Freiheit einsetzt, der Freiheitskämpfer – was auch im Blut eines jeden Unternehmers liegt, und jeder Mensch ist in vielerlei Hinsicht ein Unternehmer – wird dazu neigen, die Solidarität unter Menschen außer Acht zu lassen. Weil das freie Schaffen des Individuums für die Gesundheit des sozialen Organismus unentbehrlich ist, kann ein Mensch sich in dieses Schaffen so «verlieben», dass er übersieht, wie die individuelle Freiheit ohne Grundlage der wirtschaftlichen Solidarität gleichsam in der Luft hängt und nichts zustande bringen kann. Andrerseits wird derjenige, der die Notwendigkeit der gegenseitigen Hilfe, der Brüderlichkeit, betont – und hierzu gehört in erster Linie der klassische Arbeitnehmer, und wer ist nicht in vielerlei Hinsicht ein «Arbeitnehmer»? –, die Neigung haben, die freie Entfaltung der Begabungen des Einzelnen nicht genügend zu würdigen, ohne die aber keine gegenseitige Hilfe möglich ist.

Weil individuelle Freiheit und gemeinschaftliche Solidarität nicht anders können als eine gesunde Spannung zu erzeugen, ist eine ständige Vermittlung zwischen diesen zwei Gegensätzen des Lebens notwendig. Diese Vermittlung wird durch eine dritte Art der menschlichen Liebe gewährleistet, durch eine ausgleichende Liebe, die der Freiheit und der Solidarität den gleichen Wert beizumessen weiß. Es ist die Liebe zur Würde aller Menschen als Menschen, insoweit sie alle durch ihre Begabungen gleich Gebende und in ihren Bedürfnissen gleich Empfangende sind. Dieser dritte Bereich des Sozialen, wo es um Gerechtigkeit, um die gleichen Rechte und Pflichten aller Menschen geht, kann nur gedeihen, wenn er seine eigene Selbständigkeit hat, weil er sich weder vom einseitigen Geist der Freiheit noch von dem der Brüderlichkeit verzerren lassen darf. Er darf sich nur vom Geist der völligen *Gleichheit* aller Menschen in ihrer Würde als Menschen inspirieren lassen, vom Bestreben, der Freiheit und der Brüderlichkeit immer das *gleiche* Gewicht beizumessen.

Das Wirtschaftsleben stellt die Liebe zum hilfsbedürftigen Menschen in den Vordergrund, das tätig hervorbringende Leben die Liebe zum begabten Menschen. Im Rechtsleben herrscht die Liebe zum gleichwertigen und gleichermaßen würdigen Menschen in jedem Menschen. Insoweit jeder Mensch auf gleiche Weise und in gleicher Würde ein Mensch ist wie jeder andere, hat jeder dem anderen gegenüber gleiche Rechte und gleiche Pflichten: Das gleiche Recht, alle Solidarität und alle Hilfe zu bekommen, die er für sein freies Schaffen braucht, und die gleiche Pflicht, in der Anwendung seiner Fähigkeiten und durch seine Solidarität die freie Tätigkeit jedes anderen möglich zu machen. Die Solidarität mit allen Menschen ist die heiligste Pflicht der Liebe, das individuelle, freie Schaffen für alle Menschen ihr höchstes Recht.

Die Liebe als idealer Realismus

Wirklich konkret und unmittelbar wirksam wird die Weisheit und die Heilkraft der Liebe in der Begegnung von Mensch zu Mensch. Für jeden gibt es Menschen, denen er selten oder unregelmäßig begegnet, dafür andere, mit denen er regelmäßig oder sogar täglich Umgang hat, womit sich dann auch die gegenseitige Beeinflussung verstärkt. Die Worte «Begegnung» und «Beziehung» drücken die unterschiedliche Weise des Gegenübers und des Miteinanders in der Liebe zwischen zwei Menschen aus. Das Wort Be-*gegn*ung deutet auf ein Sich-*gegenüber*-Stehen von zwei in gewissem Sinne gegensätzlichen Welten: Zwei Menschen, von denen jeder einen ganz individuellen Lebensweg verfolgt, sowohl in seinem Denken als auch in seinen Gemütsregungen, in seinen Willensbestrebungen und seinen Taten.

Das Wort Be*zieh*ung deutet hingegen auf eine wechselseitige An*zieh*ungskraft hin, auf ein tieferes Ineinanderweben von zwei Seelen, von denen jede auf die andere «bezogen» ist, sich mit ihr mehr oder weniger verbunden fühlt. Eine Begegnung kann auch ganz äußerlich sein und vielleicht ein Einzelfall bleiben. Eine Beziehung hingegen entsteht durch wiederholte Begegnungen, in denen man sich immer besser kennen lernt, wobei die sich so vertiefende Liebe die Anziehungskraft verstärkt und deutlich macht, dass man bei dem anderen Anregungen für seine eigene Weiterentwicklung findet.

Weil sich in jeder Begegnung und in jeder Beziehung zwei einerseits verwandte, andererseits unterschiedliche Welten treffen, sind die Grundübungen der Liebe einerseits das Verwandte zu fördern, andrerseits das Andersartige wahrzunehmen und zu erkennen. Die Kunst des Sozialen, das Streben nach einem Gleichgewicht zwischen Freiheit und Solidarität übt die Liebe am fleißigsten in jeder täglichen Begegnung, in jeder alltäglichen Beziehung. Da wird die Liebe zum konkreten Realismus des Lebens. Für die Gestaltung der eigenen Beziehungen mit anderen Menschen fühlt sich die Liebe unmittelbar verantwortlich. Sie weiß: Nur wenn es genügend Menschen gibt, welche die Kunst des Liebens in einer Freundschaft, einer Ehe, einer Familie oder einem Unternehmen immer wieder üben, wird die Liebe auch in der Menschheit insgesamt eine Zukunft haben können.

Die Polarität von Begegnung und Beziehung, von Sich-gegenüber-Stehen und Sich-gegenseitig-Anziehen, deutet auf die zweifache Mission der Liebe: den anderen Menschen freizulassen, wenn es um die Entfaltung seiner ganz individuellen Fähigkeiten geht, ihm aber auch umgekehrt zu helfen bei der Befriedigung seiner Bedürfnisse, die weit weniger individuell sind als die Begabungen. Die moralische Fantasie der Liebe weiß nicht nur, dass sie die Talente eines Menschen ganz anders lieben muss als seine Bedürfnisse, sie ist vor allem auch um das konkrete «Wie» einer jeden Begegnung oder Beziehung bemüht. Sie ist darum bemüht, das richtige Gleichgewicht zwischen der Liebe zur Freiheit des anderen und der Sorge um seine ganz besonderen Bedürfnisse hier und jetzt herzustellen. Wenn ein Mensch seine Freiheit leben möchte, fühlt er sich dann wirklich geliebt, wenn der andere fähig ist, ihn in Ruhe zu lassen, ihm wirklich seine freie Beweglichkeit zu gönnen. Derselbe Mensch möchte zu einer anderen Zeit auf ganz andere Weise geliebt werden, er möchte, dass der Mensch, der ihn liebt, ihm hilft, ein Bedürfnis zu erfüllen.

Wenn jemand auf der Straße nach dem Weg fragt, meint er genau zu wissen, wann ihm die Auskunft reicht. Solange er meint, zu wenig zu wissen, wird er jede weitere Information als helfende Liebe erleben. Sobald er sich ausreichend informiert fühlt und losgehen möchte, empfindet er möglicherweise jedes weitere Wort als etwas, was ihn aufhält, als eine Beschränkung seiner Freiheit. So schlagartig kann ein Mensch den Übergang von einem Zustand der Bedürftigkeit zu dem seiner Begabtheit erfahren: Solange ihm noch etwas fehlt, fühlt er sich bedürftig – in dem Augenblick, in dem er alles hat, rückt unmittelbar die Aufgabe in den Mittelpunkt, für die er sich begabt fühlt und die er zu erfüllen hat. So eindeutig wie man zwischen helfender und freilassender Liebe unterscheiden kann, so eindeutig ist auch die umgekehrte Erfahrung für einen selbst, je nachdem ob man sich in einer Situation als bedürftig oder als begabt erlebt.

In der täglichen Beziehung zwischen zwei Menschen kann ein solches Abschätzen des richtigen «Augenblicks», wo das eine in das andere umschlägt, noch um einiges komplizierter werden – jenes Augenblicks, wo die gut gemeinte Hilfe zu stören beginnt oder umgekehrt, wo mein Mich-dünn-Machen dem anderen zu dünn wird. Derselbe Mensch, der einem eben noch sein Herz ausgeschüttet hat, ganz offensichtlich nach Trost suchend, möchte vielleicht schon eine halbe Stunde später nur noch in Ruhe gelassen werden. Und mein Lebensgefährte, der mich vor zehn Minuten zum Teufel geschickt hat, besteht jetzt darauf, dass ich ihn zum Bahnhof fahre. Nur die Liebe weiß, was in jedem einzelnen Fall zu viel und was zu wenig ist. Wenn man die Hilfe eines Freundes, der sprachlich gut formulieren kann, für einen Text braucht, aber weiß, dass er gerade eine schwierige Zeit durchmacht, ist es nicht leicht zu wissen, ob es ihm Freude machen wird, wenn man seine Hilfe in Anspruch nimmt, oder ob er lieber in Ruhe gelassen werden möchte. Nicht der kühle Verstand wird das herausfinden können, sondern allein die Liebe.

Für das kleine Kind ist die helfende, fürsorgliche Liebe wie die Luft zum Atmen; für Jugendliche in der Zeit der Pubertät kann dieselbe fürsorgliche Liebe wie Gift wirken. Da hilft nur eine freilassende Liebe, eine Liebe, welche die Kraft hat, auf die Freiheit des geliebten Menschen und auf die positiven Kräfte zu vertrauen, die jeder Mensch auf seine Weise in sich trägt. Wahre Liebe ist in ihrem Handeln so beweglich, dass sie sich immer wieder anders, der jeweiligen Situation entsprechend, verhalten kann: Sie kann ebenso gut eingreifen wie sich zurückziehen, je nachdem, was für den anderen gerade gut ist. So beweglich echte Liebe im Handeln ist, so erfinderisch ist sie im Denken. Zu lieben heißt vor allem, den anderen verstehen wollen, weil man nur aus dem Erkennen seines tieferen Wesens heraus wissen kann, wann Hilfe und wann keine Hilfe gefragt ist.

Der reinste Ausdruck der Liebe in der unmittelbaren Wirklichkeit des Alltags ist die *Liebe zum Handeln*, die Liebe zu dem, was man hier und jetzt in der schöpferischen Entfaltung des eigenen Selbstes zu tun hat, denn sie allein kann auch die Bedürfnisse der anderen wirklich befriedigen. Dabei liegt es in der Weisheit der Liebe, mit der die Menschheit geschaffen worden ist, dass die Begabungen aller Menschen in ihrer Gesamtheit all ihren Bedürfnissen entsprechen. Kein Mensch kann auf der jetzigen Stufe der Entwicklung restlos durchschauen, auf welche Weise der Einsatz seiner Fähigkeiten *allen* Menschen zugute kommt, oder auf welche Weise die Begabungen *aller* Menschen zur Befriedigung seiner eigenen Bedürfnisse dienen. Was das denkende Bewusstsein noch nicht kann, das kann die Liebe; was der Kopf noch nicht versteht, das ahnt das liebende Herz. So kann die Kehrseite der Liebe zu dem, was man zu tun hat, nur das tiefe *Vertrauen* in die Liebesfähigkeit jedes anderen Menschen sein, in seine Fähigkeit, durch die schöpferische Liebe zu seinen eigenen Taten immer mehr das in seinem Selbst zu werden, was er für alle anderen sein kann.

Die reine Liebe zum Handeln befreit den Menschen von jeder Begierde nach irgendeinem «Erfolg» seines Handelns. Im Wunsch nach Erfolg wird die Selbstentfaltung Mittel zum Zweck, und der Mensch fühlt sich nicht frei, sondern befangen. Erlebt der Mensch aber im Vollbringen jeder Tat, in der Geistesgegenwart der Liebe, seine Selbsterfüllung, dann wird er sich zugleich eins mit anderen Menschen fühlen können. Denn die Selbsterfüllung durch Liebe zu dem, was man zu tun hat und was man gerade tut, ist die höchste Form der Liebe zum eigenen Selbst und zugleich der tiefste Erweis der Liebe zu allen anderen Menschen. Die Liebe zum Handeln ist reine Liebe zum Selbst, *weil* sie Liebe zum anderen ist, und sie ist reine Liebe zum anderen, *weil* sie Liebe zum eigenen Selbst ist. In ihr wird die Selbstverwirklichung als tiefste Form der Liebe zum Nächsten erlebt.

Genial wird die Liebe, wenn der Liebende aus der Intuition seines Herzens heraus dem Geliebten zu einer tieferen Selbsterkenntnis verhilft, als dieser alleine zu erlangen imstande wäre. In der Rückspiegelung durch einen liebenden Menschen kann das eigene Bild, befreit von allen Trübungen der Selbstsucht, in seiner ganzen Reinheit und Schönheit erscheinen. Viele Liebende kennen die Fähigkeiten des Geliebten besser als der Geliebte selbst. Der tiefere Sinn und das höchste Glück der Liebe wird dann erlebt, wenn in den Augen des Liebenden das reine Bild des besseren Ich des Geliebten in Erscheinung tritt. So darf einer dem anderen sein alltägliches Ich entgegenbringen, in der Hoffnung, die Spiegelung seines liebenden höheren Ich in den Augen des Liebenden wiederzufinden.

Je reiner die Liebe das wahre Bild des Geliebten im Herzen hütet, umso weniger wird sie versuchen, auf den Willen des anderen Einfluss zu nehmen. Jeder Mensch kann nur dadurch in seiner Liebe und in seiner Freiheit weiterkommen, dass er alles Mögliche oder auch Unmögliche ausprobiert. Frei wird man nur durch die eigene Lebenserfahrung, und die tiefste Form der Liebe ist die Liebe, die alles Nötige tut, um sie zu ermöglichen. Wie sprechend wird auf einmal das Bild des liebenden Vaters im Gleichnis des Evangeliums, der seinen jüngeren Sohn, mit seinem Hab und Gut ausgestattet, in die eigene Lebenserfahrung entlässt!

Die Liebe als realer Idealismus

Die Liebe zu *einem* Menschen erweitert sich allmählich zur Liebe zu den *vielen* Menschen, die mit ihm zu tun haben; und die Liebe zu den vielen Menschen findet keine Ruhe, bis sie zur Liebe zu *allen* Menschen wird. Im Zeitalter der Weltwirtschaft und der Globalisierung, von weltumspannenden Informationsnetzen und einer Weltfinanz haben alle Menschen immer mehr miteinander zu tun. Der Zusammenhang aller Menschen, ihre gegenseitige Abhängigkeit, das gemeinsame Schicksal von Erde und Mensch können immer unmittelbarer erlebt werden.

Die Liebe einer Mutter zu ihrem fünfjährigen Kind vertieft sich immer mehr, je besser sie ihr Kind kennen lernt und weiß, was ihm gut tut und was nicht. Sie wird sich bewusst machen, dass die Qualität der Lebensmittel, mit denen sie ihr Kind ernährt, auf vielfältige Weise mit der Weltwirtschaft zusammenhängt, angefangen vom Preis bis hin zur Frage, inwieweit die Kräfte der Natur, die in den Lebensmitteln wirksam sind, vom Menschen etwa durch Genmanipulationen verändert werden, mit nicht absehbaren Folgen für die Gesundheit ihres Kindes.

Es ist nicht möglich, einen Menschen wirklich zu lieben, ohne ihn zu kennen, und eine wirkliche Menschenkenntnis ist wiederum nicht möglich, ohne auch den tief greifenden Zusammenhang aller Menschen untereinander und mit der Natur ins Bewusstsein zu holen. Einen Menschen zu lieben heißt, auch all diejenigen mitzulieben, von denen die Befriedigung all seiner Bedürfnisse und die Wertschätzung all seiner Fähigkeiten abhängt. In einer globalisierten Weltwirtschaft sind das *alle* Menschen, ohne Ausnahme. Um einen Menschen zu kennen und zu lieben, muss man die ganze Menschheit immer besser erkennen, immer tiefer lieben, denn sie ist der lebendige Organismus, zu dem er gehört. Die Gesundheit seines Körpers hängt ganz unmittelbar von der Gesundheit der Weltwirtschaft ab; ob er selbst lieben kann oder geliebt wird, hängt auch davon ab, wie es um die Liebe in der ganzen Menschheit bestellt ist; und die freie, ganz individuelle Entfaltung seiner Fähigkeiten und ihr Einsatz hängen davon ab, inwieweit das Wirtschafts- und Rechtsleben in der ganzen Menschheit die Freiheit des Individuums zu würdigen wissen.

Wahrhaft idealistisch wird die Liebe in ihrem Bestreben, die ganze Menschheit als einheitlichen Organismus immer tiefer und umfassender zu erkennen, um auch die eigene Aufgabe und die der anderen Menschen in diesem Organismus immer besser begreifen zu können. Einzelne Staaten und Nationen werden immer ohnmächtiger in ihrer Vermittlungsrolle zwischen dem Einzelnen und der ganzen Menschheit. Die zweifache Liebe zum Individuum und zur Menschheit kann nicht staatlich verordnet oder durch das Gesetz erzwungen werden. Ob es um Gesundheitssystem, Arbeitsregelung oder Altersvorsorge geht: Der Staat muss immer entschiedener auf die Verantwortung und auf die freie Entscheidung des einzelnen Menschen hinweisen.

Nur der einzelne Mensch kann denken und lieben, niemals eine Gruppe oder ein Volk, das ja auch nur aus einzelnen Menschen besteht. Nur das Individuum kann die Entscheidung treffen, jeden Menschen und die ganze Menschheit zu lieben – kein Staat ist dazu fähig. Nur der einzelne Mensch kann handeln, eine Gruppe hat keine Hände und keine Füße dazu. Jede Volkswirtschaft wird der Weltwirtschaft gegenüber immer ohnmächtiger, der einzelne Mensch aber immer mächtiger. Er kann Entscheidungen treffen – etwa über die Art und Weise, wie er mit seinem Geld umgeht, wo und wie er seine Kaufkraft einsetzt –, die einen direkten Einfluss auf die Weltwirtschaft haben und die zugleich seine Liebe zu Mensch und Natur unmittelbar ausdrücken können.

Das höchste Ideal des Menschen ist jene göttliche Fantasie der Liebe, welche die Menschheit als lebendigen, beseelten Organismus geschaffen hat und jeden einzelnen Menschen als lebenswichtige Zelle, als unverzichtbares Glied in diesem Organismus. Das Wesen des Menschen ist seine Liebe zur ganzen Menschheit, in der und von der er lebt, und das Wesen der Menschheit ist die Liebe zu jedem einzelnen Menschen, durch den sie lebendig erhalten wird. Die zwei Künste der Liebe – die Förderung des Einzelnen und die Forderung nach Gemeinschaft – finden ihre notwendige Gegenkraft in den zwei Abarten des Egoismus. Die eine Art des Egoismus möchte einen Menschen lieben, ohne sich um diejenigen zu kümmern, die er liebt und von deren Liebe er lebt. Aber auch die Liebe zur Menschheit kann egoistisch sein, wenn sie abstrakt bleibt und nicht in der Liebe zu *diesem* Menschen real wird. Dann bleibt sie auch reiner Selbstgenuss, seelische Wollust, eine andere Form der Eigenliebe.

Der Mensch täuscht sich, wenn er ein die Menschheit liebender Mensch *sein* möchte, ohne es erneut in der Begegnung mit diesem Menschen hier und jetzt zu *werden*. In der Begegnung mit dem einzelnen Menschen wird der Egoismus durch die Liebe zur ganzen Menschheit überwunden, und in der Beziehung zur ganzen Menschheit wird er überwunden durch die Liebe zum konkreten Gegenüber. Auf der höchsten Stufe ihrer moralischen Fantasie ist Liebe die Erkenntnis des einzelnen Menschen in seiner Identität im Ganzen und das Wiederfinden der ganzen Menschheit in jedem einzelnen Individuum.

Die Liebe aller Naturwesen zum Menschen ist nicht frei, sondern wie schon angedeutet ganz «natürlich», denn die Natur hat keine Möglichkeit, von sich aus dem Menschen ihre Liebe zu versagen. Sie ist als reine Liebe zum Menschen geschaffen, alle Steine, Pflanzen und Tiere dienen seit undenklichen Zeiten seiner Menschwerdung. Die Liebe zum Menschen ist der Sinn der Natur, und die Menschwerdung kann sich nur in Dankbarkeit für die Liebe aller Naturgeschöpfe zum Menschen vollziehen. Der Mensch ist hingegen frei, der Natur seine Liebe vorzuenthalten, er kann es auch versäumen, seiner Mutter, der Erde, ihre Liebe mit Liebe zu vergelten. Und was tut eine liebende Mutter, wenn sie keine Gegenliebe erfährt? Sie wird nicht anders können, als noch mehr zu lieben. Nicht die Rache der Natur kann zerstörerisch auf den Menschen wirken, der sie nicht liebt, sondern allein seine eigene Lieblosigkeit. Die Erde bleibt dem Menschen treu in ihrer Liebe; der Mensch kann ihr aber untreu werden und sich selbst zerstören, wenn er sich für wichtiger hält als ihre Liebe.

Es gibt nur *eine* Umwelt für alle, so wie es nur *eine* Menschheit für alle Menschen gibt. Es liegt in der Natur der Liebe, nach einem Gleichgewicht zwischen der Befriedigung der Bedürfnisse der ganzen Menschheit und der Entfaltung der Begabungen aller Menschen zu streben. Nur die Intuition der Liebe kann das Gleichgewicht zwischen dem allgemeinen Recht auf gegenseitige Hilfe in einer globalisierten Wirtschaft und dem Recht des Einzelnen auf freie Entfaltung seiner Begabungen finden.

Wenn ich etwas verbrauche oder gebrauche, was andere hergestellt haben, kann ich meine Liebe in der Dankbarkeit darüber erleben; wenn ich selber etwas herstelle oder anderen einen Dienst erweise, findet die Liebe ihren Ausdruck in meiner Kreativität. Der Liebende ist dankbar im Empfangen, fantasievoll im Schenken. Und die Liebe ist ein unaufhörliches Geben und Nehmen auf allen Ebenen des Daseins und unter allen Lebewesen. Sie ist das Gesetz der gegenseitigen Beziehungen aller Einzelwesen dieser Erde. Der Sinn der Erde ist die Liebe zum Menschen, denn alles in der sichtbaren Schöpfung ist dem Menschen zuliebe geschaffen. Alle Naturnotwendigkeit findet ihren Sinn und ihre Vollendung im Streben des Menschen nach Freiheit und Liebe.

Die Liebe zu allen Menschen strahlt immer heller, je klarer jedes Individuum das gemeinschaftliche Schicksal aller Menschen erkennt; sie wird immer wärmer, je mehr der einzelne Mensch das Schicksal der Menschheit zu seiner innigsten Herzensangelegenheit macht. Das Wesen voller Liebe, der Christus, fühlt sich so eins mit jedem Menschen, empfindet ein so tiefes Mitleid mit dem Leid aller Menschen, dass der Grundsatz seiner Liebe lautet: «Was auch immer ihr dem geringsten meiner Brüder und Schwestern getan habt, das habt ihr mir selbst angetan.» Dieser Grundsatz der vollkommenen Liebe ist das höchste Ideal für die Entwicklung jedes Menschen. Die Menschen sind so miteinander verbunden, dass all das, was dem einen angetan wird, nicht ohne Einfluss auf alle anderen bleibt. Was für einen Menschen getan wird, wird für alle getan. Die globalisierte Wirtschaft ist nur der äußerliche Beweis, dass alle Menschen eines Geistes, einer Seele und eines Leibes sind.

Der soziale Organismus ist dreigliedrig in seinem Streben nach *Freiheit* in der Entfaltung der individuellen Begabungen, nach *Brüderlichkeit* in der Befriedigung der Bedürfnisse aller und nach *Gleichheit* hinsichtlich der gegenseitigen Rechte und Pflichten. Auch die Liebe ist eine dreifache: Sie ist Liebe zur Freiheit des Einzelnen, sie ist Liebe zum gemeinschaftlichen Füreinander, sie ist Liebe zur Würde des Menschen in jedem Menschen.

Das erste soziale Ideal der Liebe ist eine menschheitsübergreifende Herstellung von Waren und Dienstleistungen, die nicht den Eigengewinn im Auge hat, sondern den Dienst am Verbraucher. Es ist eine Produktion, die sich von den Bedürfnissen aller Menschen der Erde inspirieren lässt. In einer Weltwirtschaft kann sich alle Herstellung nur auf globaler Ebene an dem orientieren, was alle Verbraucher benötigen. Die Bedürfnisse der ganzen Menschheit müssen demzufolge immer umfassender wahrgenommen, immer besser erkannt, immer liebevoller beachtet werden, damit die weltweite Produktion so gesteuert werden kann, dass sie allen Menschen gleichermaßen dient.

Das zweite soziale Ideal der Liebe ist die Freiheit des individuellen Menschengeistes. Der einheitliche Geist der Menschheit äußert sich in den besonderen Begabungen der einzelnen Individuen. Die Liebe zum Geist der Menschen ist eine freilassende, eine Liebe, die sich überraschen lässt, mit welchen neuen Erfindungen und Begabungen jede junge Generation die Menschheit befruchten und bereichern will. Die schöpferische Fantasie der Völker und die der einzelnen Menschen speist sich aus der gemeinsamen Quelle der moralischen Fantasie des Geistes der Menschheit, des Wesens der Liebe selbst. Dieser Geist ist zugleich Einheit und unendliche Mannigfaltigkeit, individualisierend in der Freiheit und zugleich verbrüdernd in der Gegenseitigkeit.

Das dritte soziale Ideal der Liebe ist das Streben nach einem internationalen Recht, das die Gleichheit aller Völker und aller Menschen als höchstes Ziel erkennt. Jedes Volk hat das Recht auf Selbstbestimmung nur, wenn in diesem Recht die Pflicht enthalten ist, auch jedem anderen Volk das gleiche Recht zuzugestehen und dessen Erfüllung zu ermöglichen. Jeder einzelne Mensch hat das Recht auf Befriedigung seiner Bedürfnisse und auf freie Anwendung seiner Fähigkeiten nur, wenn er das gleiche Recht jedem anderen Menschen ebenso zugesteht und alles in seinen Möglichkeiten tut, damit jeder Mensch zu seinem Recht als Mensch kommt.

Die Liebe zum Körper der Menschheit, zur Bedürftigkeit aller Menschen, findet ihren Ausdruck in der globalisierten Wirtschaft. Die Liebe zur Seele der Menschheit äußert sich im Streben nach einem internationalen Recht, nach einer alle Menschen umschließenden Gerechtigkeit, welche die gleiche Würde aller Menschen als Menschen anerkennt. Die Liebe zum Geist der Menschheit leuchtet auf im schöpferischen Denken und im freien Schaffen jedes einzelnen Menschen.

Durch die Jahrhunderte der Entwicklung befreit die moralische Fantasie der Liebe alle Selbstsucht in der Liebe zu allen Menschen, sie verwandelt alle Antipathie in Sympathie für alle Wesen, sie löst alle Lieblosigkeit wie die Sonne den Nebel in Licht und Wärme auf.

Pietro Archiati wird 1944 bei Brescia in der Nähe vom Gardasee geboren und wächst als viertes von zehn Kindern in einer Bauernfamilie auf. Er studiert Theologie und Philosophie an der Gregoriana in Rom und später an der Ludwig-Maximilians-Universität in München. In Laos arbeitet er als Lehrer während der schwierigsten Jahre des Vietnam-Krieges (1968-70). Von 1974 an ist er in New York in Verbindung mit dem missionarischen Orden tätig, in den er als Zehnjähriger eingetreten war.

Während einer Einsiedlerzeit am Comer See entdeckt er 1977 die Schriften Rudolf Steiners, dessen Geisteswissenschaft die große Leidenschaft seines Lebens wird, weil sie nicht nur die sinnliche, sondern auch die geistige Welt mit gleichem wissenschaftlichem Anspruch erforscht und dadurch sowohl der Naturwissenschaft wie auch der christlichen Religion einen wichtigen Schritt nach vorn ermöglicht. Von 1981 bis 1985 ist er Dozent in einem Priesterseminar in Südafrika, während der letzten Jahre der Rassentrennung.

Seit 1987 lebt er in Deutschland als Schriftsteller und als freiberuflicher Redner, hält Vorträge, Seminare und Tagungen in verschiedenen Ländern – in völliger Unabhängigkeit von jeder Art von Einrichtung oder Institution. Seine Bücher sind dem freien Geist jedes Menschen gewidmet – der Unerschöpflichkeit seiner denkerischen und moralischen Kräfte.

Der Archiati Verlag freut sich über Ihre Anforderung seines Bücherverzeichnisses und über die Bestellung von Büchern. Bitte wenden Sie sich an Ihre Buchhandlung oder direkt an:

Archiati Verlag e. K.
Am Berg 6/1 · D-75378 Bad Liebenzell
Telefon: (07052) 935284 · Telefax: (07052) 934809
info@archiati-verlag.de · **www.archiati-verlag.de**